抗日英雄小故事 系列

U0456389

吉鸿昌

周东升　汪铮 / 主编

刘明月 / 编著

团结出版社
UNITY PRESS

图书在版编目（CIP）数据

吉鸿昌 / 刘明月编著.--北京：团结出版社，
2014.12（2021.9重印）
　　（抗日英雄小故事系列 / 周东升，汪铮主编）
　　ISBN 978-7-5126-2993-6

　　Ⅰ.①吉… Ⅱ.①刘… Ⅲ.①吉鸿昌（1895～1934）
-传记-青少年读物 Ⅳ.①K825.2-49

中国版本图书馆CIP数据核字（2014）第165682号

出　　版：团结出版社
　　　　　（北京市东城区东皇城根南街84号　邮编：100006）
电　　话：（010）65228880　65244790（出版社）
　　　　　（010）65238766　85113874　65133603（发行部）
　　　　　（010）65133603（邮购）
网　　址：http://www.tjpress.com
E-mail：zb65244790@163.com（出版社）
　　　　　fx65133603@163.com（发行部邮购）
经　　销：全国新华书店
印　　刷：天津兴湘印务有限公司

开　　本：670毫米×960毫米　16开
印　　张：8.25
字　　数：77千字
版　　次：2014年12月　第1版
印　　次：2021年9月　第4次印刷

书　　号：978-7-5126-2993-6
定　　价：29.80元

目 录

抗日英雄

小故事

003

抗日英雄
吉鸿昌

第一章 苦难童年，正义生根

1. 吉家有了"香火人"

1895 年 10 月 18 日深夜，在豫东平原扶沟县的东北重镇吕潭镇，一轮明月高悬，整个镇子在月色的笼罩下显得安静、宁谧。流淌了千年的贾鲁河，在朦胧的月色下微微泛着波澜，细小的水波在月色下跳跃着。

河边一间破旧的茶馆里，却还亮着灯，屋里人影摇晃。茶馆老板吉茂松的妻子高氏正在分娩，全家人都怀着期盼、不安的心等待着。吉茂松更是焦急难安，在房间里不停地踱步，一会儿搓手，一会儿张望。

突然，一声洪亮的婴儿啼哭声打破了宁静的夜空，知道是妻子生了，吉茂松立即冲到房门，迫不及待地想看看到底是男孩还是女孩。这时，产婆打开了房门，笑意盈盈地连声说道："恭喜！恭喜！吉老板，是个大胖小子，天庭饱满，耳垂丰厚，哭声响亮，我看以后肯定会大有出息的。"吉茂松听后，激动得语无伦次："真的？真的？我们吉家有传香火的人了。"

俗话说，好事传千里。不到第二天，全镇的人都知道，茶馆老板吉茂松家生了个儿子。吉家破旧的茶馆里挤满了前来恭贺的乡邻们，大家有的拿来红鸡蛋，有的拿来衣帽鞋袜、项圈等礼物。那个时候，大家都穷，普通民众能吃饱肚子也算是小康之家，多数人是过来道喜。高氏因为刚分娩，身体虚弱，还不能下床。众人轮流抱着小鸿昌，你看看我看看。这孩子虽小，可是第二天眼睛就睁开了，亮晶晶的，不哭也不闹，就对着逗他的人笑，众人啧啧称赞："这孩子这样小，却这样懂事，一脸的福相，将来长大必有出息"。

这天吉茂松可是累坏了，一早起来，就去祠堂烧了香，添了贡品，他虔诚地跪在祖先的灵位前，喃喃自语："谢谢祖先保佑，如今我们吉家终于有了传香火的人。"乡亲们来了一拨又走了一拨。这一整天，他都乐得合不拢嘴。晚上，送走了乡邻，

抗日英雄
小故事

收拾妥当茶馆的事，吉茂松看着自己的儿子在妻子怀里安详地睡着，觉得特别幸福。他悄悄来到妻子的床边，动情地对妻子说："我是当爹的人了，以后我就是再苦再累，也不能让你和孩子饿着，一定要想办法让孩子读书，不能再让他像我这样了。"妻子高氏看了看丈夫，又看了看熟睡的孩子，默默地点了点头。

吉家在吕潭镇其实也算得上是大户人家。虽然其祖先是由外地迁徙而来的，但是吉家在这里也是很久了。但是到了近几代，吉家每况愈下，人丁欠旺。到了吉茂松的父辈也只有田产百余亩，房屋五六间，即使是这样，在当时还算得上是一份不错的家产。吉茂松的父亲吉业运是吉家在他乡跟一个亲戚抱养的男孩，因为吉家当时无后，为了保留姓氏与家业，他们便认了一个"义子"。清朝同治光绪年间，吉业运继承了这份家产，他精明、勤快，用心经营祖业、勤劳运作。成年后，娶妻王氏，王氏生一子，也就是吉鸿昌的父亲——吉茂松。可惜好景不长，吉业运中年过世，撇下吉王氏孤儿寡母。母子俩相依为命，备受歧视和排挤，生活十分艰难。

1887 年，黄河决口，豫东顿时变成了汪洋之国。吉王氏带着只有十四五岁的吉茂松逃难他乡。大水退后，他们母子返回家乡，可是洪水冲走了一切。看着残破的故土，吉王氏对儿子说："孩子，如今你也长大了，妈也老了，没法为你计划太多，你自己要担起一个家的责任啊。"这些年的苦难生活，早

抗日英雄
吉鸿昌

就磨砺了吉茂松坚韧乐观的性格，他说："妈，你放心，我是我们家的男子汉，明天我就去找活干。"吉茂松和母亲在河边搭起了茅草房栖身，很快在河边码头找到了搬运的活，吉王氏纺纱织布，两人的日子勉强活口。

转眼间，吉茂松 20 岁了，这一年，由母亲做主，娶高氏为妻。成家后，他便在吕潭镇高台开了一家小小的茶馆谋生。茶馆只有几张白茬方桌，两张圈椅十几条板凳，一口烧水的大锅，但是靠着码头的地利及吉茂松极好的人缘优势，吃红薯、喝面糊倒也能勉强度日。再加上吉茂松为人豪爽，性格豁达，以结交朋友为快事，茶馆倒也兴隆红火，茶客络绎不绝，经常满座。一些过路商客借着香茶，倾吐见闻抑或谈判生意，常常是高兴而来，满意而归。那时，正是明末清初一个风云变幻、国难当头的年代。茶客们经常谈论一些关于时局、关于民生，如何救国、强国的话题，吉茂松本来就是一个十分关心国家时局的人，这也给他提供了一个增长见闻的好机会。吉茂松在镇上是有名的说直理、好打抱不平的人，镇上有什么解不开、断不了的纠纷，都愿意来找他评理。他也总能仗义执言，公允处理。胡搅蛮缠的无赖，他有法子对付，刁妇撒泼，听说吉茂松来了，便知趣地赶忙溜走。

吉茂松早年跟着母亲吉王氏走南闯北，还粗通中医脉理和中药知识，时常为乡里号脉看病，有时竟能药到病除。他替人看病不仅分文不收，留饭亦多被婉言谢绝。人们就给他送了一个"两湖（壶）总督"的雅号。吉茂松成了当地无人不知的名人。

在宗法观念极强的封建社会，"不孝有三，无后为大"，没有儿子是备受歧视的。这对于吉家来说更是如此。他家因为没有亲生儿子，而是"义子"继承家业，备受同族的歧视和欺凌，当时还因此被夺去家产。吉家迫切需要儿子传承香火，支撑门面，延续后代。而吉鸿昌的到来，可谓让吉家真正有了"传香火"的人。可是当时谁又会想到，这个在苦难年代，平凡人家出生的孩子，日后会成为威震中外的民族英雄。

2. 穷人的孩子早当家

在半殖民地半封建社会，普通民众的日子是非常艰难的。吉家虽然开着茶馆，但利润微薄。在吉鸿昌出生之初，开茶馆获得的薄利，全家吃红薯、面糊，勉强能糊口。但是，吉高氏又接连生了三个儿子，生活负担一下子变得十分繁重。在吉鸿昌6岁时，吉高氏因为接连生产，身体虚弱，再加上繁重的体力劳动，体力不支，终于病倒了。吉茂松想尽办法救治，却疗效甚微，最后只能看着妻子离去。就这样，小鸿昌在6岁那年便没了母亲。在吉高氏去世的那天，她仿佛有预感似的，把丈夫、四个儿子都叫到身边，看着最小的儿子还在襁褓里，冲着她眨眼，一行行清泪不由自主地滑下，她放心不下幼子，也舍不得不离不弃的丈夫。吉鸿昌仿佛懂得母亲的心意似的，紧紧地拉着母亲的手，一个劲地叫"妈妈，妈妈……"声音里满是悲切。吉高氏心里更难受了，她对丈夫说："我怕是不行了，此生跟着你，没有什么遗憾，只是不放心我们这四个孩子，他们都还这么小，以后就要辛苦你了，你一定要再找一个，帮我照顾孩子，照顾你。"交代完丈夫，她又拉着 6 岁的小鸿昌，满脸都是泪："妈妈以后就不能看着你长大了，不能照顾你了，你是长子，以后一定要乖，要听爸爸的话，要帮着爸爸好好照顾弟弟们，另外一定要读书。"小鸿昌一个劲地号啕大哭："妈妈，妈妈，不要走，不要离开我，我不要你死。""乖，要听话，要懂事，好好照顾弟弟们，答应妈妈。"小小的吉鸿昌使劲地点了点头。

吉高氏就在当晚走了，留下丈夫和四个幼子。小小的茶馆，哭声震天，悲伤的气氛笼罩了这个家好久。小鸿昌抱着妈妈，一个劲地哭，嗓子都哑了，最后哭累了，就在床边睡着了。他还做了一个梦，梦见妈妈穿着漂亮的旗袍，送他去上学。可是醒来之后，才发现妈妈已经不在了。他就接着哭，邻居乡亲们看到了，都忍不住落泪。从那天起，小鸿昌就成了没妈的孩子，而他也就在一夜之间长大了。

俗话说，穷人的孩子早当家。母亲去世后，年幼的吉鸿昌明白了长子的分量，担起了长子的责任。他主动承担起照顾弟

弟们的责任，每天带着弟弟们玩耍，每次吃饭，他都要先喂弟弟们吃，等弟弟们都吃好了，才自己赶紧吃几口。有什么好吃的，他总是会把它们留给弟弟们，宁愿自己饿着。幼年的吉鸿昌，过得十分艰苦，经常缺衣少食。夏天，他只穿着一条短裤，光着膀子打着赤脚，骄阳暴晒，皮肤发红，直至变紫，脱皮，转黑；然后又发红，变紫，脱皮，周而复始，身体黑得发亮，活脱脱地像一条黑泥鳅。寒风凛冽的冬天，吉鸿昌只有一件铁板似的破棉袄，下身只有单裤可穿，光着脚穿双破鞋，经常是手脚冻得皲裂。但年幼的他，从来没有觉得苦。

吉鸿昌年少的时候就是一个孩子王，在不带弟弟们的时候，他就去帮父亲的茶馆拾柴。初冬是捡柴的季节，吉鸿昌总会吆喝几个小伙伴，在田间小道上，一路追逐打闹，实在累得跑不动了，就把成捆的玉米秆铺在地上，在上面像刺猬般打滚，嬉闹，玩得好不痛快；玩累了，就每人捆一捆柴，迎着夕阳，背回家。在烈日炎炎的酷暑，吉鸿昌就与小伙伴们跑到贾鲁河的小河汊或者离寨子不远的大池塘游泳、打水仗。一天，吉鸿昌和小伙伴们趁大人不注意，又偷偷溜出去玩水。结果却被小弟弟发现了，他哭着闹着让哥哥带着他。到了河边树荫下，吉鸿昌对弟弟连哄带吓，让他在河边看热闹，千万不能下水。正当他和几个小伙伴在水里打水仗、扎猛子，玩在兴头上时忽然传来弟弟的尖叫。吉鸿昌警觉地一看，这还得了，只见弟弟在水里，只露出个小脑袋在拼命挣扎。吉鸿昌顿时吓得脸色惨白，急忙冲过去，把弟弟拉上岸。他惊魂甫定，抬起手便要打弟弟，弟弟伤心委屈地哭起来，吉鸿昌的心一下就软了，想到弟弟这么小就没有妈妈，爸爸又整天忙着茶馆的事情，顾不上照看他，不觉有点心酸。从那以后，他每次出去游泳都会带上弟弟，并且开始教他在浅水滩游泳。没过多久，弟弟也学会了游泳。

吉鸿昌 10 岁时，看到父亲经营茶馆，忙里忙外不得闲，就开始充当父亲的小帮手，年幼的他成了茶馆的小"跑堂"。他嘴里像大人那样吆喝着，给客人端茶送水，除此之外，还要砍柴、烧水。但是爱玩是小孩子的天性，有的时候遇到小伙伴来找他玩，在一起玩一会儿，或者是听茶客们谈天论地着了迷，忘记了烧水、端茶，怠慢了客人，不免遭到父亲的训斥。当然这样的情况并不多，他勤苦、机灵，颇受茶客们的喜欢。

在茶馆当小跑堂，吉鸿昌最喜欢听客人们谈古论今，尤其是一些茶客们对国家局势、国家大事的见解和分析，还有"花木兰替父从军""岳母刺字精忠报国""岳飞收我河山的志向"等，这些像磁石一样吸引着他常让他驻足倾听。在关心国家时局方面，吉鸿昌酷似他的父亲，茶馆的环境对他的成长有很大的影响。

吉鸿昌从小就特别机灵，喜欢动脑筋，想主意。有一天，他和几个小伙伴躺在草丛里，在暖暖的阳光下扯闲篇。忽然，吉鸿昌倏地坐起来说："九月九赶庙会的日子马上就要到了，可是咱们手里一个子儿也没有，又不能总厚着脸皮跟家里要，听说药铺收蝎子，要不咱们逮蝎子卖吧？"一个小伙伴一听，吓了一大跳，结结巴巴地说："蝎子蜇人，谁敢抓呀！"吉鸿昌一副天不怕地不怕的样子："有啥好怕，其实还是蝎子怕人，到时候我们看到蝎子蹦出来，就把鞋脱下来拿在手里，见一个拍死一个，怕啥！"当晚，吉鸿昌就带领几个小伙伴，每人找了几根麻秆碎条，作为照明之用，他们来到破庙和残垣断壁的角落，搬砖挪瓦，居然颇有收获。小伙伴们十分高兴，劲头十足，几天下来，他们竟逮了斤把蝎子，送到药铺换来了属于他们自己的铜钱，在庙会那天买了油馍，大家吃得可开心了。从那以后，吉鸿昌就经常领着小伙伴们探穴挖洞，爬墙攀岩，凡是冒险的重活，他总是挑重担子，有时他被蝎子蜇了，其他小伙伴都会叫苦叫疼，吉鸿昌却从不吭声。

少年不识愁滋味，吉鸿昌的童年虽然十分清贫，但也是热闹非凡，充满了乐趣。

3. 求学

中国有俗语，"世上万般皆下品，思量唯有读书高""书中自有黄金屋，书中自有颜如玉"。读书，在中国古代，即使是在当今也是被视为改变命运的重要途径，对那些贫寒学子来说，甚至是唯一途径。随着年龄的增长，吉鸿昌对知识的渴求也越发强烈。尤其是母亲临去世前让他上学的叮嘱，在他长大后，越发变得清晰。

然而，在当时的社会条件下，穷人的孩子求学的途径是非常狭窄的，再加之吉家经济一直很拮据，根本就没有多余的钱让吉鸿昌去上学。在当时的吕潭镇，学校寥寥无几，上学都是地主子弟的特权。几处私塾，大都是镇上几家大户人家出资聘请老师教授自己的子弟的，有两处散馆，教师招收学生，可是收费太高，穷人的孩子只能望而却步。义学（也叫义塾）倒是有一家，是慈善团体办的，可是只有一位老先生当教师，招收的学生没几个，加之老先生年事已高，三天两头病倒，孩子们去了也学不到东西。所以吉鸿昌一直到了适学年龄，却没有地方上学。

上学，能够读书写字，竟成了吉鸿昌童年时奢侈的梦。虽不能去学校上学，但是吉鸿昌是非常好学的，他一直想学会读书、识字。有的时候，他走在路上，常常被学堂琅琅的读书声吸引，趁着茶馆生意清淡之际，他会蹲在教室外，或骑在学堂的墙头上听课。要是运气好，有的学生缺席空位，小伙伴们一招手，指指旁边的座位，吉鸿昌便蹑手蹑脚地进入教室坐下来听课。这种情况当然是趁着先生眯着眼睛摇头晃脑拖着长腔诵读的时候。有一次，吉鸿昌正听课听得津津有味，突然一声响动，原来是先生发现了他这个陌生面孔，把他当野孩子给哄了出去。小伙伴们放学后，吉鸿昌总会缠着他们，让他们给他讲

抗日英雄

吉鸿昌

学校里发生的事情，今天先生又教了些什么。在小伙伴们的帮助下，吉鸿昌学会了写自己的名字。一撇一捺，横是横，竖是竖，倒还有模有样。

有一天，吉鸿昌看到小伙伴们去上学，心里又羡慕不已，便撅着小嘴恳求父亲：

"留索他们几个上学馆念书识字，我也要去。"

"孩子，想念书，有出息，爸支持。"

"你是答应啦？"

"等爸借了钱就送你去。"

吉茂松心里一阵心酸，下定决心不要让孩子再失望。几经周折，又是托朋友，又是请熟人帮忙，终于，吉鸿昌的好学精神还有吉茂盛的真诚感动了老师，吉鸿昌有幸走进了学堂了。父亲告诉他这个好消息时，他高兴得一晚上都睡不着觉，憧憬着和小伙伴们一块念书、识字。

正式入学那天，他穿上一身浆洗得干干净净的紫花布裤褂，显得倍儿精神。父亲特地吩咐继母做了平时难以尝到的水饺，一方面是为了给小鸿昌庆贺；另一方面是图个吉利：如同大馅味美的水饺一样，把知识装满肚子。离开家门前，吉鸿昌走到父亲跟前，像表决心似的对父亲说："爸，我定会好好念书写字，出人头地，不叫你失望。"就这样，吉鸿昌开始了学堂生涯。

吉鸿昌天资聪颖，而且非常勤奋，很快就跟上了老师和小伙伴们的节奏。每天在学堂里跟着老师诵读、写字，下课后就跟小伙伴们一起写作业，学得不亦乐乎。上学之余，他也主动帮助父亲料理茶馆的生意。他知道生活艰难，除了购买必备的课本和学习用品，从不向父亲多要一分钱。为了节省笔墨纸砚，坐在灶前烧水时，他便用草棍在地上写了擦，擦了写；等候顾客时，便趴在桌上用手指蘸着茶根写，撇是撇，捺是捺，一边写一边琢磨，写得高兴时，常常忘记招待茶客。吉鸿昌满脑子想的都是如何学写字，他还在紧挨床的墙壁缝内放上几只钉子，每晚睡觉前，总要侧过身在墙上把当天学的字都写一通，直至呼呼入睡。当清晨的阳光照进这间茅草屋时，随处都可以看见墙壁上密密麻麻的字迹。吉茂松看到这种情况，既欣慰又心酸。欣慰的是孩子如此上进，心酸的是大人没本事，练写字的纸笔都供应不起，太委屈孩子了。于是更加省吃俭用，偶尔买些纸笔回来。穷人的孩子的欲望总是很容易满足的，晚上，吉鸿昌就借着父亲清账的灯光，在桌子的一角忘情地读书写字。他常常学着老师的样子，摇头晃脑地把在学校学的课文读给父亲弟弟们听，抑扬顿挫，还学得有模有样。

　　可是，好景不长，一件偶然的事情结束了吉鸿昌的学习生涯。

　　一天，黑云压城，鹅毛大雪漫天飞舞，窗纸沙沙作响，教

抗日英雄
吉鸿昌

室潮湿阴冷。衣着单薄的穷学生们早已冻得瑟瑟发抖，只打哆嗦，而轻裘裹身的阔少们却在一旁幸灾乐祸地挤眉弄眼，轻蔑地嘲弄穷学生。吉鸿昌看在眼里，记在心中，气不打一处来。同学张有年寒冷难耐，急于回家，不小心把裤子撕裂，露出了冻得发紫的皮肤，没想到几个阔少居然不同情，反而来羞辱他。这些阔少把张有年围在中间，嬉皮笑脸地你推我搡，非要摸摸他的屁股不可，以致厮打起来。于是，几个恶少趁机骑在张有年身上逞威风。这时吉鸿昌赶了上来，气呼呼地喊道："就凭家里有钱就欺负人，你们是见人家书念得好你们有气，快放开他！"一恶少满不在乎地嚷道："你闲吃萝卜淡操心，这没你的事，狗咬耗子多管闲事！"一听这话，吉鸿昌怒上心头："你家有钱，我们不眼谗，欺负人不行，说不定你们家的钱是坑人来的呢，你穿戴倒是人模狗样，我看是驴粪蛋外面光。你放不放开他？"说着向那恶少狠狠地踹了一脚，将他踹得翻滚在地。吉鸿昌大声吼道："你们再敢欺负人，我挨个揍你们，不信，你们就试试！"恶少们吓得落荒而逃，却放下狠话，"臭小子，你有种，等着！"。

吉鸿昌还不知道自己闯下了大祸。这几个阔少恶人先告状，说吉鸿昌打人。老师听了一面之词，认为吉鸿昌不安分，好逞强，需要严加管教。怒骂道："听说你把李家孩子打了，你是学生，怎能如此放荡不羁，这还得了，岂不成了害群之马？

不想念书，早说！"吉鸿昌不服气地申辩道："先生，是他们四五个人欺负一个人，把人当马骑，怎么还能倒打一耙？我实在是咽不下去这口气！"这一顶撞，老师更加生气了："天地君亲师的伦常都不懂，还敢顶嘴。"于是拿起戒尺就开始打吉鸿昌的手心。吉鸿昌也倔强，把牙咬得咯咯作响，绝不告饶。心想：老师也偏向有钱人，看来没地方讲理了，这样的老师，这样的学堂，不读也罢。

就这样，没多久，吉鸿昌的求学生涯也就因为他替同学打抱不平结束了。但是这并没有阻碍吉鸿昌拼命学习、汲取知识的欲望，从那以后，无论是当兵、打仗，还是主持地方建设，吉鸿昌一直坚持学习，不断提升自己。

4. 打抱不平的"扁担愣"

吉鸿昌性格刚烈，耿直，疾恶如仇，爱打抱不平，他是吕潭镇出了名的"扁担愣"。一说到"扁担愣"，吕潭镇的男女老少几乎无人不知，无人不晓。在河南，人们常把天不怕、地不怕的人叫作"愣头青"。吉鸿昌"扁担愣"绰号的得来，源于他的一次恶作剧。吉鸿昌特别爱动脑筋，在赶庙会的时候看到从外地运来的一些稀奇玩意儿，便琢磨着和小伙伴们自己学着做了好筹集学费。但是，东西做出来后，叫卖的结果却不好。但是他并不气馁，又邀约了几个胆大的伙伴到邻镇去叫卖，却也是这样的结果。他们的行动遭到了镇上一些人的指责和非议。庙里的一个和尚也指责他的行为，甚至说，你们做的这些东西是阴间用的，只有死鬼想要，连同这些玩意儿一起，把你们的魂儿勾到阴曹地府，下到十八层地狱里。他这样一说，一些小伙伴们被吓到了，就退出了。吉鸿昌却不信这个邪，说："死鬼要就死鬼要，凑够学费就行了。"

这样的话传到和尚那里，和尚十分恼火。下次碰到吉鸿昌时说，就摆出一副卫道士的架势，对吉鸿昌进行训斥和侮辱："你小小年纪竟然这样不安分守己，生下来就是个坏分子，竟敢和鬼神顶撞。也不看看你是什么样的脑袋，也配识字读书！"

这个和尚的话极大地伤害了吉鸿昌的自尊。吉鸿昌咽不下去这口气。一天深夜，他在瓜田里摘了一个西瓜，吃了后，把西瓜皮做成了一个面具。他忽然灵机一动，何不治治那个臭和尚。他把西瓜面具套在头上，翻进庙里，蹑手蹑脚地来到和尚床边，然后放声尖叫，吓得和尚抱头逃跑。

吉茂松得知此事后，十分生气。把正在睡梦中的吉鸿昌叫了起来，厉声问道："这事是不是你干的？"吉鸿昌摇头否认。

吉茂盛更生气了："你这个'愣头青'，半夜吓唬谁去了？这个镇子上除了你这个傻大胆，还能有谁？"

"我半夜哪儿也没去，你也看到了，我就在睡觉，吓唬谁了？"吉鸿昌忍住笑反问道。

儿子居然敢顶撞父亲，吉茂盛更生气了，抡起一根扁担就开始打吉鸿昌的屁股，命令儿子去向和尚道歉。可是吉鸿昌宁肯被打屁股，也绝不求饶，更别说去道歉了。所以从这以后，镇上的人送给他一个绰号："扁担愣"。

对于那些恶少们的调戏和欺负，吉鸿昌从来都是有一股捍卫自己尊严的"愣劲"。吉鸿昌因为家穷，冬天的时候依然穿得十分单淡薄和破旧。那些穿戴整齐的地主恶少们，每逢看见吉鸿昌穿一件破烂的对襟棉袄，用根棉绳系着，在严寒的气候下赤脚走过时，就要对他进行讽刺和嘲笑，甚至还要进行欺凌和殴打。这是他们对穷苦子弟一贯的恶作剧。但是吉鸿昌却从来不会逆来顺受，他对此十分痛恨，一见这帮纨绔子弟讥笑他，立即上去与他们揪打起来，不打到对方服输求饶，绝不罢手。久而久之，这些纨绔子弟便不敢再欺负他。

吉鸿昌好打抱不平，他最看不惯的就是那些恶少们对穷人孩子们的戏弄和侮辱。他常常对小伙伴们说道："谁不是父母生养，谁不是两肩一个脑袋。大家都是平等的，他们凭什么欺负我们！"

吉鸿昌这种打抱不平的个性让他出尽了风头。有一年端午节，吕潭镇的几家地主为了摆阔气，合办了一场大戏。几个地主少爷们便借此机会，拉起了秋千架子，找来不少爱玩的青少年争相竞技。几个阔少们在秋千架前的高树枝上悬挂了一个纸包，并对围观的人群放言："谁能把秋千荡平，把纸包摘下来，里面的'点心'就归谁，另赏五块大洋。"

人们争相跃跃欲试，但是谁也没有荡到那个高度，更别说拿到点心，那放在枝头的点心真的成了天边的凤凰"可望而不可即"。他们非但没得到任何奖励，反而遭到这些阔少们的奚落和辱骂。吉鸿昌不服气，想要为大伙争一口气。他拨开人群，跳上秋千，轻松自如地蹬了几下，便把秋千荡平了，在人群惊叹和叫好的瞬间，说时迟那时快，他伸手便把纸包抓到手里。这是，一群地主少爷围上来，不怀好意地说道："好小子，不错哦，你最有福能吃到这包点心了。"

"谁稀罕你们的东西，老子争的是这口气，懂吗？"说完，便狠狠地把纸包摔在地上。"啊！"人群中有人尖叫，"一包驴屎蛋！"恶少们的戏弄和嘲笑，使他感到莫大的屈辱，顿时怒发冲冠，两眼圆睁，他迅速抓起地上的驴粪蛋，以迅雷不及掩耳之势，劈头盖脸地向恶少们砸去，并高喊道："龟孙子，我先叫你们尝尝这点心！"这"点心"砸得恶少们抱头逃窜。

吉鸿昌从小性子里就有一股刚烈的英雄气概，他宁肯放弃求学的机会，也不愿忍受老师的冤枉和不公，这种个性对他以后的发展产生了深远的影响。

抗日英雄
吉鸿昌

5. 当学徒

中断学业后，吉鸿昌整天在家闲着慌，便央求父亲给他找个差事。吉茂松看着虽然只有 15 岁，但却长得五大三粗的吉鸿昌，心想孩子年纪也大了，学不能上了，那就让他学门手艺，以后好歹有个一技之长，就可能有了生计，也比在农村和泥巴打一辈子交道强。很快，吉茂松便托人在镇上给吉鸿昌谋了一个学手艺的差事。这是一家禹州人开设的福庆楼银号，主业是制作金银首饰，生意还不错。吉鸿昌非常高兴，感到新生活就要开始了。在他离开家的前一天晚上，吉茂松把他叫到跟前，语重心长地对他说："我已四十多岁，是黄土埋半截的人了，你是长子，总得给你谋一个凭本事吃饭的活路。靠谁也不中，要靠自己，俗话说，不受苦中苦，难为人上人。看来在这世态炎凉的岁月，受了苦中苦，也未必成为人上人，但多个手艺就多了一条生路。咱们这个镇子上连个工厂都没有，银楼总还能学点手艺，我给你选了这条路，你就去吧，孩子。"

吉鸿昌听后，心里也颇为沉重，一方面他领会到父亲的苦心；另一方面心里又有些犹豫不安，但看着父亲那期待的眼神，便忍住了心里的千言万语。

就这样，吉鸿昌开始了他在银楼的学徒生涯。一踏入福庆楼的门，吉鸿昌便失去了自由。这银楼竟和牢笼一样，老板神圣不可侵犯，说一不二。不仅有严格的店规，而且大小徒弟之间等级森严，老板更是把架子端得十足。吉鸿昌初来乍到，只能跟着最小的徒弟们在那间又闷又小、又黑又臭的小屋干最粗、最累、最苦的活儿，每天被人差来差去。在寒冷的冬天，无论是刮大风还是下大雨，他都得负责烧炭熔化那些破旧银器，一锅接一锅不停地干，一整天下来，每天都是筋疲力尽。三个月后，老板才让吉鸿昌学刷银粉，这道工序没有什么技术含量，就是非常熬人，必须不停地用刷子蘸着银粉在首饰上涂着。冬天，寒风把浸过水粉的手，冻出一条条鱼鳞似的裂缝，每刷一下都会剧痛，但是他还得不停地刷下去，少刷一件都不行。吉鸿昌每天不到三更不能睡觉，很多时候，手里刷着银粉，困得睁不开眼，虽然睡眠已经严重不足，但是浑身的疼痛又往往使他半夜醒来。他想：我不笨不傻，凭我的心灵手巧，这种手艺，学上几个月准能学会。可是手艺活老板却不让人沾边，每天只是像牛马一样，被人使来唤去，哪里有出头之日？于是，想逃离这里的念头常常蹦出来。其实苦吉鸿昌是不怕的，他不能忍受的是没有希望，但是他有一股子倔气，既然来了，一定要学到一点技术。于是他改变策略，把心思用在伺候好两位老师傅身上，博得他们的欢心，没过多久，他便从两

抗日英雄
吉鸿昌

位老师傅那里学会了制作荆钗、麻花手镯、耳环等首饰的工艺。然而，因为他不会偷工减料，也拒绝以次充好，几次遭到老板的训斥、辱骂，没多久又被赶回又脏又累的岗位。祸不单行，一天晚上，他因天冷便和衣睡在炉火旁，没想到蹦出来的火花竟把唯一的一件棉袄灼烧了一个碗口大的窟窿，几乎酿成火灾。吉鸿昌一气之下，借口回家取衣服，告别了银楼的学徒生涯。

回到家后，吉鸿昌一五一十地告诉父亲事情的经过，说自己再不愿去银楼，"昧着良心帮助老板骗人，打死我也不愿意干，至于吃苦受罪，我不怕……"

吉茂松听后既生气又无奈，不过"知子莫若父"，他也不再强迫儿子。可是他也不能看着一个半大小子天天在家闲着，就到处托人给儿子再谋一份差事。这时友人张坤一出面，为吉鸿昌在周口顺合杂货行谋到了一份学徒的差事。不久，吉鸿昌就告别父亲和继母，背着行囊来到周口，开始了他在顺合杂货行的学徒生涯。吉鸿昌刚来，自然是做最苦最累的活儿，每天被人使唤做苦力，负责货行大批货物的搬运。进货时，由他把货物从船上拉上架子车，从码头运回店里；送货，更是风里来雨里去，他丝毫不敢疏忽和怠慢。否则，影响店铺的声誉和收益，断了财路，这个责任他可担当不起。不过，凭着吉鸿昌的聪明，没过几个月，这套活他已经是劳作自如了。不久，老板见吉鸿昌做事踏实，肯吃苦，人也比较灵活，就安排他站柜台，还委任他带徒弟进货、送货。站柜看似是美差，但是对吉鸿昌来说，却十分憋屈。规矩多得如同枷锁一样，每天不到三更，别想躺下来睡觉。有时深更半夜，掌柜把徒弟叫起来，一边监督他们向酒坛、醋坛、酱油桶里掺水，一边大讲其生意经和掺假的"学问"。这是吉鸿昌最不能忍受的，可是他端着老板的饭碗，没有办法。他总想少掺点水，却总招来掌柜的斥责："这是赚钱之道，懂吗？不打算干，说话！吃两顿饱饭就忘记姓啥名啥了！胳膊肘老往外拐，这怎么行！"

吉鸿昌越听越生气，索性成倍地往缸里掺水，心想一不做二不休，多掺假，让你名誉扫地！掌柜哪能让吉鸿昌乱来，坏了他的生意，连声吼道："废物，生财之道你不学，脾气还挺大。你要知道，咱们比那些店铺要公道得多。"于是，老板为了磨一磨吉鸿昌的性子，留下他进行单个"教练"。

吉鸿昌得罪了老板，又被打入那房顶触手可及的低矮作坊干活，这对一米八几个头的他，如同在监狱里煎熬。有的时候，他趁空闲的时候出来透透气，独自行走在沙河大堤上，遥望着蓝天白云下的远方风帆，脑海里思索着：天地如此之大，竟无我容身之地，难道我吉鸿昌命里注定要走这谋生的独木桥？不，出去闯天下，凭自己的力气吃饭，总不至于饿死他乡吧？吉鸿昌恨不得马上远走高飞，可他深刻体会到"为富不仁，为官盘剥"，天下乌鸦一般黑，他又能到哪里去呢？他感到困惑，忧愤。

然而，吉鸿昌不知道，一个偶然的消息，正要悄悄改变他的人生轨迹！

第二章　满腔热血，投军报国

1. 投军

正当吉鸿昌为出路苦苦彷徨的时候，机会来了。一天，他又走在沙河大堤上，忽然，不远处的一声汽笛声打断了他的思绪，他朝河中央一看，原来是一艘运兵船在缓缓前行，他顿时有了一个念头："为什么我不能报国从军？"他用力一拍大腿，倏地站起来："当兵去，对！我已经没有别的路可走了，当兵这条路我为什么不能走呢？"但是，坐下来冷静了一会儿，他又犹豫了，俗话说"好铁不打钉，好男不当兵"，"父亲肯定不会同意，当兵要背井离乡，不知道什么时候才能回来"，他不免踌躇起来。

一个偶然得来的消息，坚定了他的决心。原来袁世凯政府的京卫军左翼第一团团长冯玉祥正奉命在河南郾城一带招募新兵，听说招兵条件是：凡农工良兵、身无暗疾、年龄在 18 岁到 25 岁的青年，身高在 4.8 尺到 5 尺者均可录取。去当兵，当兵，吉鸿昌终于做出了抉择，这天晚上，天空中月朗星稀，旁边的人都在熟睡，只有吉鸿昌躺在床上，睁着两只眼睛凝望着天空的星星。这是他在这里的最后一晚了。此时，他憧憬着自己能穿上威武的军装，在战场上勇猛杀敌，把敌人打得落花流水。

三更时候，吉鸿昌准时起来了，简单拾掇了一下，他就上路了。他既紧张又兴奋，当东方出现鱼肚白的时候，他已经出了周口镇，走出五六里路了。这一路上，由于投军心切，吉鸿昌一天竟走了100里路，太阳偏西的时候，他已经到达郾城了。赶到招募站时，时间已过，他便无可奈何地住进了当地的一家小旅馆，晚上三个馍馍、一碗白开水，凑合着解决了晚饭。人生地不熟，他便和店主拉起家常来，店主得知这个年轻的小伙子竟然要当兵，毫不客气地说："你年轻力壮，干点啥不中，当兵那不是自讨苦吃吗！你们吕潭镇是水陆码头，随便做点小本生意也比当兵强啊！当兵这碗饭不好吃，枪子没长眼，你说是不是？再说，万一受点伤，有个三长两短，家里的老人哪里

抗日英雄
小故事

受得住。"吉鸿昌心里想，老板也是好意，只是如果有阳光道可走，我不痴不傻，何苦要走这条独木桥。他苦笑道："您说的我都懂，只是我也是被逼无路，谋一条路不容易啊。古话说，生死由命，富贵在天，人活百岁也是死，不死呢，总有个出头之日呀。不知是啥部在这里招兵？"店主也是个直爽性子："听人说叫啥……叫啥……哎，我记性不好！哦！直系军队，啥直系，歪系，都是一样，不过，那个当官的我见过，姓冯，魁梧得很，倒是没啥官架子。"

第二天一早吉鸿昌就起床了，他特地换上洗了好几水的干净紫花布裤褂，草草吃了早饭，打听到了招募点，就火急火燎地赶来了。在一个破烂不堪的戏院门口，有十几个年轻人围在那里，一面听招兵的人介绍情况，一面窃窃私语。吉鸿昌多多少少还是有点忐忑，他站在人群边上，边等候边观察，只见前面的小伙子怯怯地问："队伍天天吃啥饭？"

"馒头、杂粮。"

"啥？"

"吃馍、吃米，你们谁报名？"

这时又有一个人问道："当兵以后，在啥地方驻防？啥时候发衣服？要不要从家里带行李？"

"住北京，皇帝住的地方。录取以后，吃、穿、住都由国家管。"

"北京有金銮殿吧？"

"有，皇帝还住在那里面吗？"

"不是已经推翻了吗？"

……

吉鸿昌挤到人群前面，挺着胸，大胆地说："长官，我报名，俺愿意当兵报效国家。"这两句话听来不俗，引得招兵人端详了许久才问："叫什么名字？"

"吉鸿昌"

"哪几个字，能写吗？"

"能。"

负责登记的人把一张纸放到他面前，递给他笔。吉鸿昌腼腆地笑笑："写得不好，长官别见笑。"于是，工工整整地写了"吉鸿昌"三个字。

"多大了？"

"18岁了，属羊。光绪二十一年生。"

"西历是1895年生，今年是1913年，民国二年，记住了吗？"

吉鸿昌点头，那人又问："以前得过什么病没有？"

"从来没有得过什么病。"

"当兵要剪辫子，愿意不？"

"没啥，大家剪我也剪。"

接着，他们又让吉鸿昌跑了几圈，拿出尺子量了一下身高，发现他比规定的身高还要高出一个头，几个负责人都很满意。接着就听到一个军官高喊道："吉鸿昌，恭喜你，你合格了。"

这一刻，吉鸿昌高兴得都想跳起来，悬着的一颗心终于落下来了。接着，吉鸿昌就要开始他的军旅生涯了。

2. 吉大胆

"吉大胆"是团长冯玉祥"钦赐"给吉鸿昌的，说到这个名字的由来，还颇有些传奇。被选中入伍以后，吉鸿昌就和新招的 1600 多名新兵一起被带到了北京。新兵被编成左路备补军第二团，由冯玉祥任团长。从军之初，吉鸿昌遇到了他生命中的贵人，他被分到一营前哨当兵，营长由冯玉祥兼任，哨官名叫李鸣钟，豫东沈丘县人，是吉鸿昌的老乡，具有强烈的反清思想，追随冯玉祥。

其实后来吉鸿昌才知道，能够分到冯玉祥部，自己有多么幸运。冯玉祥在当时是有名的体恤士兵的军官，他挑士兵，最看重的就是忠厚老实，吃苦耐劳，所以特别喜欢从农村来的新兵。在恶劣的军阀主义作风盛行的那个年代，冯玉祥为了防止官兵关系恶劣、激化，立过"八不打"的戒条，还经常给士兵们做思想政治教育，视察他们训练，和他们一起吃饭。他总是把大道理讲得通俗易懂，饶有情趣，而且也没有长官架子，这些深得新兵们的喜爱。针对新兵多是不识字的农民，他常常采用问答的形式来给士兵讲道理，晓明大义。

"你们是什么地方来的？"

"我们是从乡间来的。"

"你们的父母、亲戚、朋友是什么人？"

"都是老百姓。"

"你们吃的、穿的、用的，是什么人供给的？"

"是老百姓供给的。"这些简单的问答旨在让官兵明白国家的主体是老百姓，从孝敬自己的父母引申到爱护所有的老百姓，不要忘本，不要欺压老百姓。每次他讲完话，都要和官兵们一起唱爱百姓歌。

冯玉祥的部队练兵严格在当时是出了名的，刚去的时候，繁重的训练，恶劣的生存环境，还有官长们的虐待，让很多新兵受不了，甚至发生了好几起逃兵事件。但是吉鸿昌从来没有想过要逃走，他既然来当兵，就立下目标，不混个模样出来决不回去。他比别人更加卖力地训练，晚上睡觉的时候都在琢磨姿势要怎么摆，刀要如何握。他特别能吃苦，人也比较灵活，别人会的，他总要想办法超过别人。看到别人学习新科目，他就自己学。在进行训练时，一个小的差错就会招来一顿暴打，但是他都忍下来了，心里暗暗下定决心：既然来了，就决不能当逃兵丢人现眼。一天晚上，繁重的操练结束后，吉鸿昌倒下便很快睡着了，睡在旁边的一个新兵忽然对他耳语："大哥，我们每天都这样练，没得个自由，人都累得没形，还老被军长打，都说吃得苦中苦，方位人上人，可是这苦啥时候能吃完，又啥时候才有出头之日？这地方我是不想待了。有几个兄弟在商量出逃的办法，你听说没有？"

吉鸿昌惊得一股脑儿坐起来："你们不想活了，俗话说家有家法，军有军纪，当逃兵抓回来有你好看的。既然当了兵就别天天后悔，要说这苦、累，我也有同感，不过咬咬牙也就闯过来了，至于长官的打骂，我也委实受不了，可是我以前在老家当学徒的时候，老板更是说一不二，即使是大师兄、二师兄的话都不能忤逆，何况我们这还是军队，老兄，还是忍了吧，你我是老乡，以后有啥难处，跟我讲，我帮你，千万别往邪道上想。"没想到这段深夜的长谈改变了这个士兵的命运，后来他不仅坚持下来了，还被提拔为军官。

当兵不久，吉鸿昌的机遇来了。因为军事需要，冯玉祥要从士兵中挑选出能识字的优秀分子百余人组成一个模范连，以副官李鸣钟为连长，参谋长蒋鸿遇等为教官，教授学、术两科。"学"是指浅显的军事理论或者说是军事思想；"术"是指军事技能和实用战术。吉鸿昌成功入选，而他在模范连的表现，给冯玉祥留下了深刻的印象，这也为他日后的提拔奠定了基础。

有一天，冯玉祥在对模范连官兵讲话时，向大家发问道："你们练兵的目的是什么？中华民国的敌人是谁？"

下面一片沉寂，吉鸿昌站起来，操着一口河南腔："反动军阀，洋鬼子！练兵就是为了消灭他们！"

"他们不好惹，你们要怎么办？"

"照样打！"

下面顿时乱成一团，对这种粗野的回答，士兵们窃窃私语。冯玉祥却故意神态安详地继续问道："用什么打啊？"

"枪和大刀。"

"要是枪支失灵了呢？"

"用大刀砍！"

"大刀片坏了呢？"

"我还有拳头和牙齿！"

吉鸿昌的回答，冯玉祥十分满意，但表面上却不动声色，似笑非笑地说："你叫吉鸿昌吧？好样的，坐下吧。"听了冯玉祥的评价，吉鸿昌受到了莫大的鼓舞，尤其是"好样的"这三个字，让他可以理直气壮地坐下来，毫不在意那些投向他的友善的、鄙夷的各种目光。

吉鸿昌又一次让冯玉祥刮目相看，是他在西安检阅部队操练时与众不同时的表现。那天冯玉祥照例进行"每日朝会问答十条"，他发问道："弟兄们，我们是谁的军队？"官兵们总

要按事先规定好的回答："我们是老百姓的军队！"这一次，

问题刚刚抛出，突然有一个青年士兵大声喊道：

"我们是洋人的军队！"

此语声如洪钟，全场一片骇然。冯玉祥也大吃一惊，随即

命人把这个胆大的青年逮到台前问询，原来这人就是吉鸿昌。

当他被几个士兵推到司令台的时候，立即受到各种威逼，但他

却始终昂首挺胸，一副绝不服输的神态，像一头不驯服的猛狮。

冯玉祥虽然极不满意吉鸿昌直言戳破自己的心病，这让他多少

有些下不了台，却很赏识他这种耿直倔强和无所畏惧的胆量，

故意当众问他："我们是老百姓的军队，你为什么说是洋人的

军队？"

吉鸿昌响亮地回答道："听洋人的话，信洋人的教，替洋人打仗，受洋人的气，为啥不是洋人的军队？"

冯玉祥又故意问道："你小子难道不怕洋人吗？"

"我们都是中国人，为什么要怕洋人？"他脱口而出道。

这个时候，台下一片寂静无声，官兵们无不失色，都心里暗暗为他捏把汗。冯玉祥却很欣赏他的机智、果断与无畏，暗喜得一员猛将。他"哈哈"大笑几声后，说道："你小子吃了豹子胆，竟然敢顶撞我，胆子倒不小，真是个'吉大胆'呀！"从此，"吉大胆"的绰号便在部队叫开了。

3. 当连长

吉鸿昌胸怀报国大志，再加上他的出色表现，很快就被提升为模范连的排长。没过多久，由于他在几次重大战役中表现英勇，再加之他经常观察学习一些年长军官的带兵经验，尤其是以冯玉祥为榜样，很快他带的部队就崭露头角，他也因为带兵有方，被提升为工兵连连长。

1918年，南方革命军北上，势如破竹，威震全国。当时在北京主政的北洋军阀段祺瑞十分惶恐，立即调兵遣将，大举南下，企图扑灭革命的火焰。他命令冯玉祥的部队进驻湖南常德，阻挡革命军。

由于当时复杂的政治形势，加之冯玉祥思想的转变，他同情与支持孙中山领导的南方革命政府，就以消极抵抗的姿态停滞不前，在河南滞留，并发表了言辞激烈的通电，反对与孙中山的护国军作战，呼吁和平，主张南北对话。段祺瑞下令撤了他的职。曹锟想借此机会把冯玉祥收到自己旗下，从中斡旋，任命他为湘西镇守使，驻扎常德。

吉鸿昌作为工兵连的连长自然被冯玉祥带到了常德。在常德期间，吉鸿昌不敢有丝毫懈怠，他时刻以冯玉祥为榜样，把对士兵的思想教育和日常训练结合起来，对他们晓之以理，动之以情，亲身做好表率。

一天黎明，电闪雷鸣，大雨倾盆，大家都在熟睡。突然响起了紧急集合的号声，士兵们跑出门外，此时吉鸿昌已经出现在操场上，注视着雨中紧急集合的队伍。此情此景，一些平时埋怨吉鸿昌训练过严的士兵也从心里佩服他与士兵同甘共苦的精神。他们也懂得了吉鸿昌的良苦用心，如此紧张刻苦地进行训练，是为了战时的需要，也是为了工兵连能打出个名堂。雨中行军回来，吉鸿昌事前特地命炊事班熬了一大锅姜汤，他亲自为战士们盛汤，督促弟兄们每人喝一碗，驱逐寒气，防止感冒。吉鸿昌把宽严结合的爱兵准则，铭记在心，运用到实践中。整个工兵连的纪律和战斗力也越来越强，大家越发尊敬他。

当时，冯玉祥到常德时，那里由于连年征战，竟没有一条公路，于是决定先为百姓修筑公路。吉鸿昌的工兵连自然是首先挑起这个重担。

修筑这条公路在当时的条件下，是一个十分艰巨的任务。从常德一直到津市，当时只有一条泥泞、坎坷的小路，需要筑成宽约四米的平坦公路，吉鸿昌所在的工兵连承担了最困难的路段。

吉鸿昌不折不扣地执行命令，很快率领工兵连开赴施工现场，安营扎寨。在当时，由于时局的原因，也因为地方的克扣，冯玉祥部的经济十分拮据，士兵们每天要从事繁重的体力劳动，却只能吃到盐水泡粗糙的米饭，士兵们个个面色饥黄，怨声载道。一天，吉鸿昌又像往常一样，来到厨房查看士兵们的伙食，看后一阵阵心酸，他叫来连队司务长，对他说："巧妇难为无米之炊，人是铁饭是钢，弟兄们吃不上菜怎么行？我这里还有几十块钱，你先拿去买菜，让大家吃上一顿饱饭。"

司务长一下子很为难，他说："连长，您攒几个钱不容易，要不要再等等，旅部总会有办法的。"

吉鸿昌理解司务长的用意，但是他心疼兄弟们，叹了口气说："钱就是花的，赶紧置办吧！"当天晚上，士兵终于吃上了热气腾腾的菜，还有少量的肉，当他们听说菜是用连长省吃俭用积攒下来的钱买的，无不感动。

工兵连接受的路段，施工条件特别艰苦，任务更是困难重重。不管是重活还是危险的活，吉鸿昌总是身先士卒，而且他深知精神引导的重要性，特别注重做士兵们的鼓励工作。几乎每天开工前，他都要对前一天的施工情况进行评价，对今天的施工任务提出要求。在现场，哪里有困难和危险他就出现在哪里，休息时，他就和大家一起谈古论今，借以消除疲劳。繁重的劳动加上炎热的天气，大家终日汗流浃背，但是在吉鸿昌的鼓励下，整个施工现场欢声笑语，充满了年轻人的朝气和热闹。

　　他对士兵既体贴又关心，事事为他们考虑。一天，他在施工现场，忽然发现一个士兵的手不对劲儿，立马走过去："刘义，你的手怎么了，让我看看。"他走到正在用铁锹挖土的刘

义面前，接过他的工具，握着他的手，加重语气说："看看，磨了三个大血泡，你咋不吭声？"

"用布缠一下就中，不碍事。"

"不中，化脓了咋办。"

"连长，没事，过两天就好了。"

"不中，你暂时帮助伙食房烧火做饭。"说罢吉鸿昌就叫来卫生员给刘义包扎。收工后，他做的第一件事情就是逐个检查士兵的手脚和双肩，发现三分之一的兄弟都带伤，愧疚自责涌上心头。他立刻吩咐去买了手套和垫肩。

当时连里缺乏最起码的医疗条件，公费少得可怜。吉鸿昌除了拿钱给战士们改善伙食外，还让卫生员买一些消炎的中草药，并且亲自为士兵们擦洗和热敷。每天如此，从不中断。经过及时治疗，保证了出勤率，最终他们提前完成了筑路任务，不久这条路全线贯通，老百姓第一次走在这样平坦的公路上，对十六旅充满了感激。

4. 招兵营长

虽然当了兵，当上了连长，但是吉鸿昌骨子里的耿直、爱打抱不平、有话直说的性格并没有变，他抱着当初为救国而当兵的目的，加上小时候在茶馆听过岳飞、孙中山等人的故事，他十分关注政局变幻，国家命运，同情劳苦大众，对士兵更是爱惜有加。

1921 年春夏之交，冯玉祥的十六混成旅归建于直系部队第二十师，作为先头部队，由信阳进驻陕西。随后，十六混成旅改编为陆军第十一师，冯玉祥升任师长。在行军途中，吉鸿昌因为表现出色，被提拔为营长，隶属孙良诚团。

当时中国的局势复杂，各大军阀混战，民不聊生，政治局面波谲云诡，变幻莫测。吉鸿昌所在的部队因为水患滞留在咸阳，咸阳阴雨绵绵，积水成灾，部队所在的驻地更是泥泞不堪，行走困难，这给战士们的生活和训练带来了极大的困难。

在这种情况下，很多士兵懒散下来，不想训练。吉鸿昌作为一营的主官，深深感受到一支战斗力强的部队，一定要在平时狠抓训练。因为雨天，外面道路湿滑，野外的训练无法正常进行，他就命令士兵们在廊檐下，设置靶子，化整为零，练习立射、跪射、卧射的瞄准和室内权术等，士兵们练习的热情都很高。一天，他召集他的三个连长说："虽然长期下雨，我们只能在室内练习，但从实战出发，还须要讲战术原则和战术应用的科目，同时还要加上雨天野外训练，战术课由我讲。"

三个连长一听，心里不由得一惊，这样的天气，野外训练如何能开展。三连赵连长说："兄弟们只有一身衣服，雨天拉出去，一会儿滚成了泥猴，又没有换洗的衣服，容易感冒，兄弟们有怨言。"

"鼠目寸光，总不能因为天下雨就不打仗了吧？恶劣的天气作战，往往是出奇制胜的有利条件。打起仗来，滚成泥猴算啥，兄弟们的性命要紧！冯师长注重恶劣气候下训练。你不是不知道，你现在好像是可怜、同情士兵，可是在作战中，谁弱谁死！明天你们连先拉出去，练！"

赵连长知道吉鸿昌的脾气，知道几乎不可能说服他改变主意的，便说道："我们豁出去滚一身泥巴，绝不草鸡。"

吉鸿昌虽然在对待士兵的训练方面十分严厉，但是在生活上却对士兵们关爱有家。在咸阳滞留期间，因为长期的阴雨天气，给部队的训练和生活造成极大的困难。一天，他听到连里

抗日英雄
小故事

的士兵抱怨伙房不能按时开饭，得知这一情况后，他亲自到伙房查看。进到灶间一看，外面下大雨，里面下小雨，外面的雨停了，里面还在滴答。伙夫抱怨道："营长，柴草都湿了，做不熟饭，能不能想法弄些干柴。"

吉鸿昌心里一阵酸涩，点头答应，并说："晚饭我来同你们一起做，提前动手。我回去就派人拿些干柴来。"晚饭在吉鸿昌的帮助下总算勉强按时开饭了。这顿烟熏火燎的做饭经历，更让他体会到弟兄的不易。

1922年春，第一次直奉战争爆发，双方各投入大量兵力，打算决一死战。直系军阀吴佩孚命令冯玉祥师火速开赴前线，并委任冯玉祥为督军。吉鸿昌所在的李鸣钟旅为先头部队。吉鸿昌所率领的部队，作战骁勇，在战场上屡建奇功。

在大败奉军后，冯玉祥也屡遭吴佩孚的排挤，他的部队几乎全部被改编，几经周折才全部转移到北京，驻防西苑。为了扩充实力，冯玉祥组织人员，到河南、山东招兵。吉鸿昌深得冯玉祥信任，被任命为招兵营长。

不久吉鸿昌因为屡论政事，得罪了他的顶头上司韩复榘，韩复榘打击压制他，他就不能在正规营里带兵了，几次被派去招募新兵，成了名副其实的"招兵营长"。

吉鸿昌屡论政事也是事出有因。他一直十分信任和景仰冯玉祥，冯玉祥胸怀救国救民的抱负，战功卓著，却备受压抑与排斥，在目睹了军阀政权的腐败和无能后，对其由拥护转向批判，经常在对军官的讲话中或是在他的高级幕僚中进行对军阀政府无情鞭挞。

吉鸿昌从自己看到的军阀统治的残暴和丑恶的现实以及冯玉祥发自内心的犀利的批判中，意识到冯玉祥采取自立门户，不归派系，而自称"国系"的政治立场，越来越理解和支持他。但是他也深知，冯将军"救国强国"的理想是无法实现的，而自己也一样，用他的话说，"我官职卑微，却不自量力妄加议论国事，也许是禀性难移"。

吉鸿昌的这种使命感和性格给他带来了麻烦。作为招兵营长，他得罪了他的顶头上司——团长韩复榘。

一天，吉鸿昌来到团部，没有例行敬礼、报告、一屁股坐在椅子上，端起水来就喝，一边喝一边说："听说冯检阅使给你们团以上官长讲了动荡的'北京政府'的局势，还揭露了他们不少丑闻，像国家'元首'一食百金，一衣千斤。还有，国会议员中'以良心拿钱者'算是上等好人，剩下的……"说到这里，吉鸿昌看了韩复榘一眼，韩团长面孔冰冷，手中的杯子重重放下来，眼望着房门说："狗拿耗子，多管闲事，国家大事你也问的，也不掂掂分量，撑的！"

吉鸿昌无意顶撞，便换了话题："最近收到旅部转发的移风易俗的规定，只许上级对下级送礼，下级官以及一般士兵都不得备礼赠送……我这不是两手空空来见您。"说完,豪爽地仰面哈哈大笑。韩复榘忍着不便发脾气,却不阴不阳地说:"在咱这里是行得通的,可是到了上面长官那里不贿赂他们行吗?啊,潮流嘛,这年头识时务者为俊杰,你自以为是,小心作茧自缚!"

吉鸿昌见话不投机,马上转入正题,说道:"团长,训练大纲我们研究过了,能不能灵活变通?"

"不行。"韩复榘冰冷地回答。

"团里只是照抄照搬,又没有具体的实施方案,不切合我们营的实际。"吉鸿昌也有点火,回敬道。

韩复榘跳起来,气冲冲地吼道:"节外生枝!不执行团部的规定,你懂什么叫照抄着转,下级服从上级,懂吗?小人犯上,岂有道理!"

"你独断专行!"

"你飞扬跋扈,以下犯上,走,见冯师长!"

"见就见,我姓吉的不怕你!"

一气之下,吉鸿昌摔门走了。

抗日英雄
吉鸿昌

第三章　做官即不许发财

1. 家训

吉鸿昌自入军以后，便跟着部队南征北战，多年未曾回家。当年他从杂货铺偷偷跑出来，瞒着家里参了军，并未征得父母的同意。在去入伍的路上，吉鸿昌目睹了这样一幕。那天，他边走边打听报名的地点，忽然听到路边传出凄惨的哭泣声，只见破败的院落里，一家人像生死离别似的在啼哭。走进一听，原来是这家的大儿子要当兵，而父亲在阻拦。

只听见儿子说："爹，求您了，让我去闯荡一番吧，咱家

这么穷，再说俺兄弟也长大了，说不定还能混出个名堂！"

"不懂事，当兵有啥好，俗话说好铁不打钉，好男不当兵，我家是造啥孽，你非要去当兵，中啥邪了。"老者掀起破烂不堪的衣服，擦着红肿的眼睛说道。

"天天喝红薯汤，喝烦了！我去当兵，家里少一张嘴，还可以给你们减轻点负担。"儿子争辩道。

只听一个中年妇女一顿哀号："不懂事的娃啊，俺给你订下一门亲，你一抬腿就走，叫俺怎么与别人交代啊，孩子爹，你可要给俺做主啊。"

"妈，咱们家人多地少，这日子一年难过一年，缺吃少穿，咱还是退亲吧。我去当兵，等有了出头之日，再回来孝敬二老，不是很好吗？听说报名的人可多了，还担心人家不要我呢，您放心，我出去了，一定让人给你们捎信……"

当时吉鸿昌听到这些，庆幸自己没有回去征询父母的意见，否则也会落个如此悲伤的情景，还有可能因为家庭的阻拦，无法从军。

而今，吉鸿昌已有好多个年头没有回家，他在部队里一直省吃俭用，把积攒下来的钱寄回家补贴家用，以弥补自己当年不告而别的愧疚和自己没有尽到的长子职责。

1928年8月的一天，吉鸿昌得到同乡捎来的口信，父亲吉茂松卧病在床，十分思念儿子，盼他速速回去见一面。此时，吉鸿昌已升任营长。在任工兵连长时，部队驻守信阳，他曾回家探望过父亲。他对父亲表达了深深的歉意，并向父亲说道："我当兵这条路选择对了。在军队中，我虽然吃尽了苦头，但是我也增长了许多见识，懂得了很多道理，这是我在家乡所不能遇到的。我们的长官冯玉祥将军，他爱兵如子，体贴关心士兵，关注我们的生活与成长，特别重视士兵的文化学习，而我在军旅中也深感没有文化的苦楚。在部队里，我的文化水平得到了很大的提高，我读了各种书籍，懂得了很多道理，从中也得到无穷的乐趣，当然，更使我明白，一些目光短浅的盲从者，几乎都是目不识丁的睁眼瞎。"

而那时父亲还那么健康，完全没有生病的迹象，吉鸿昌在心里嘀咕，怎么才过一年多，父亲就卧病在床呢。

当时正值吉鸿昌剿匪成功，立了大功，河南社会形势得到初步安定，部队发了饷，他请了假，带着担忧，便匆匆赶回家。一进家门，他便跪在父亲的床头，握住父亲那双满是老茧的手，看着父亲消瘦憔悴得没有人形，心头一阵酸楚。他深情地对父亲说道："爸，我一直在外带兵打仗，没有尽到孝心，请您多见谅。您有什么话尽管说，儿子我一定铭记照办！"

虽说吉茂松当年死活不同意吉鸿昌当兵，为此还生气了很长一段时间，但是知道儿子在冯玉祥部当了军官，心里还是有几分自豪与宽慰。然而，由于他正直、善良和乐于助人的品性，深知"近墨者黑"的道理，再加上开茶馆见多识广，对官场的污浊，多有耳闻，因而担心儿子被官场的恶习所侵染，担心他经受不了诱惑而沉沦，他希望自己的儿子能够出淤泥而不染，能坚守自己的本分。上次吉鸿昌回来的时候，他虽有提醒，但没讲太多。这次卧病在床，他的担忧之情与日俱增。着急让儿子回家，也是想及时提醒他。

吉茂松望着儿子愧疚的神色，语重心长地说道："床前有你三个兄弟伺候，你不必操心，我的病不要紧，就是年纪大了，经不起折腾，静养几天就好了。你为国从军，忠孝难两全。知子莫若父，你正直勇敢，为父放心，不过我有一句话一定要提醒你，你记好了：你官至营长，这是报效国家的时候，且当官要清白廉正，多为天下穷人着想，做官即不许发财！如果你不能做到这一点，为父死不瞑目……"

吉鸿昌强忍悲痛，含着热泪答道："孩儿记下了，请父亲放心！""当官即不许发财"，吉鸿昌把父亲的教诲刻在了心里，践行了一生。

2. 瓷碗的故事

从家里返回部队后，父亲的话总是萦绕在脑际，尤其是父亲那满是期盼的眼神，吉鸿昌无法忘记。为了铭记父亲的叮嘱，也为了时时刻刻鞭策自己，吉鸿昌把"当官即不许发财"七个字，用上好的宣纸抄写下来贴在自己的床头，以时时刻刻警励自立。

1931年5月，吉鸿昌率部队驻守在河南潢川、光山一带，那时，中原大战刚刚结束，战后的百姓流离失所、饥寒交迫；而国民政府的官场上，尔虞我诈，腐败成风。为表明自己当官为国为民的志向，也为了打击当时官场上的腐败风气，他亲自设计并书写了父亲的遗训——"当官即不许发财"，交给陶瓷厂，让他们烧制印有这七个字的瓷碗。瓷碗烧好后，他用卡车拉到部队，集合全体官兵，举行了严肃的发碗仪式。他说："我吉鸿昌虽为长官，但我绝不作威作福，欺压民众，掠取民财，我要牢记家父的教诲，做官不为发财，要为天下穷人办好事，请诸位兄弟监督。"接着，他亲手把碗发给全体官兵，勉励大家廉洁奉公。当时吉鸿昌在西北军冯玉祥部下任营长，只有25岁。

此后，吉鸿昌在行动中始终如一地把这七个字作为自己的行为准则，不贪、不赌、不近色；坚持正义、主持公道，心系民众，不为权势，宁愿丢官、降职，也绝不屈服于权贵。他因此受到民众的爱戴、士兵的尊敬，即使遭到权贵的妒忌、排斥与打击，他也此心不改。他将那只写有"做官即不许发财"的细瓷茶碗带在身边，用它作为一面镜子，时刻提醒自己应如何为人做事。这只碗随吉鸿昌将军走南闯北，直到他39岁牺牲。

吉鸿昌用自己一生的言行兑现了"当官即不许发财"的誓言。

第四章　保家卫国，投身革命

1. 首都政变

20世纪二三十年代，国内军阀混战，百姓为战争所苦，中国大地上笼罩着一层乌云，国家的命运前途未卜。20年代初，中国共产党的成立如一声春雷，给中国人民带来了福音，从此中国革命的面貌焕然一新。在中国共产党的影响和推动下，以"打倒列强、除军阀"为目标的国民革命在南方兴起，国民大革命正在孕育中。这也深深影响了有一腔报国热心的冯玉祥和吉鸿昌。

1923年10月，直系曹锟以贿赂坐上了总统的宝座。吉鸿昌渐渐听闻了他上台的种种丑闻。曹锟以500元一票的高价贿买国会议员的选票；在美国人的支持下对议员威逼利诱……同时吉鸿昌也在部队耳濡目染了公众对直系军阀的唾骂，有的时候确实气不过，对这些乌七杂八的政客他也会骂起"龟孙子"来。

冯玉祥一直反对军阀混战，想建立一支真正为民族、为民众的军队，可是却在政治上屡遭排挤，几次差点丧失军队领导权。当时，由于曹锟的倒行逆施，中国共产党号召人民进行了反对曹锟贿赂选举的示威游行。冯玉祥进一步认识到曹锟统治的实质，随着反直斗争的深入和共产党帮助国民党改组的完成，使冯玉祥"对革命建国的憧憬益加具体化"，从而坚定了要发动政变，推翻以曹、吴为首的北洋军阀黑暗统治的决心。

经过等待，时机终于成熟了。1924 年 9 月，在帝国主义的指使下，第二次直奉战争爆发了。冯玉祥认为这是天赐良机，他派人到南方，给孙中山带去五条意见，提出实行民主、改革政治和团结协商等具体主张。在内部，冯玉祥做了周密的安排和部署，在战术上，他采取内松外紧的延宕策略，在部署安排上，趁曹、吴的亲信王庆怀的十三师调往前线、城防虚设之际，安排了自己的拜把子兄弟孙岳任北京警备副司令，并以孙岳的混成十五旅为警备京师，另外，安排蒋鸿遇为留守司令。一切部署完毕，冯玉祥故意拖延时间，缓慢发兵，缓慢前进，一方面观察战局变化，一方面在政治上展开秘密活动。这时吉鸿昌营已经改编归属石敬亭任旅长的补充第四旅。在准备开赴前方之前，补充了枪支弹药。吉鸿昌亲自把这些新装备发给弟兄们，官兵们十分高兴。他们哪里知道，这些是蒋鸿遇经过几番周折，东拼西凑的 10 万元"运动费"，是为了迷惑曹锟的。

刚整编完，吉鸿昌所在旅部，便接到一条奇怪的行军命令——"每日以三四十里的行军速度，向北京以北的高丽营进军"。深谙战术并且实战经验丰富的吉鸿昌百思不得其解，这根本不像打仗的样子，倒像是部队集体游玩。但是因为吉鸿昌在冯玉祥麾下，从士兵到高级将领，对冯在军事指挥的坚决果敢的性格是熟知的。所以，虽然疑惑重重，但也并未影响其执行。

一天，在行军途中，吉鸿昌实在是憋不住了，对随行的副手王慈博说："不知道冯师长卖的是啥关子呢，这两天行军真是舒服得很啊，走走停停，现在又在这里住着不走，蓝蓝的天，白白的云，暖烘烘的阳光，不冷不热，真够开恩的。"

王慈博随声附和道："基督将军嘛，还能不送福音。"

正当吉鸿昌百思不得其解的时候，他接到了团部的通知，让他带领一批人到前面去整修道路。第二天，吉鸿昌到旅部开会，会上宣布正式进入战斗之前，以战斗的姿态进行演习。

没过几天，吉鸿昌忽然接到紧急行军令，命令火速赶回北京截断吴佩孚的退路。吉鸿昌营与各路大军一起，昼夜兼程，日行两百多里，三军在寒风砭骨的冬季以创纪录的行军速度，准时在京郊北苑集结，冲进了北京城，缴了曹锟总统府卫队的枪，囚禁曹锟于延庆楼上，实现了首都革命的壮举。

北京政变后，冯玉祥顶住各方压力，做了一件让全国人民大快人心的好事，把废帝溥仪驱逐出宫，将故宫的宝物收归国有，并且改组了"北京政府"，冯玉祥的部队改称国民军，这支部队与孙中山领导的国民革命军遥相呼应，并且邀请孙中山北上，共商和平统一大计。

北京政变后，吉鸿昌的营部设在颐和园附近。部队发了新军装和徽章，更换了一批武器，一派新气象。在这段时间里，几个河南籍的在北京大学读书的学生与吉鸿昌相识、相知，成为无话不说的好朋友。他们来到吉鸿昌所在的营部，看到吉鸿昌身穿和士兵一样的衣服，住室整洁朴素，顿生景仰之情。一天，吉鸿昌邀请他们同游颐和园并一起用餐，突然院中的标语吸引了几个年轻的学生，其中一个叫赵健欣的驻足端详："发奋图强，誓雪国耻。""我们是老百姓的军队。""我们吃的穿的都是老百姓的血汗，救国卫民是军队的责任。"看到这些标语，他自言自语："真是百闻不如一见，这里一片革命的气象啊！"这时一位一直没有说话的学生指着"发奋图强，誓雪国耻"的标语对吉鸿昌说："营长，这是出自谁的手笔？好功力呀。"吉鸿昌笑嘻嘻地说："鄙人不才，过誉，让你们知识分子见笑了。中国的未来，还要看你们的。"

此后，吉鸿昌和这些小老乡一直保持着书信往来。后来吉鸿昌升任十九师师长，率部参加北伐时，赵欣健大学毕业，便在河南投奔吉鸿昌，当上了十九师的书记官，成为吉鸿昌的得力干将。

2. 兴利除弊

吉鸿昌自入伍以来，便十分重视学习文化知识，尤其是阅读关于战略战术、现代军队管理的书籍。而他所在的冯玉祥部，也十分注重士兵的精神层次提升和文化教育，刚入伍那会儿，部队里很多士兵不认字，冯玉祥便规定新兵每周必须学会两个汉字。同时每个连队都提供一个学习室，里面有书籍、字典供士兵们学习。吉鸿昌一下子看到那么多书，兴奋极了，他从小想上学，可是却因为打抱不平被学校开除，断了上学的念想，深受没有知识之苦。于是，他一有空就去看书，遇到不认识的字，就查字典，向一些知识比较丰富的老兵请教，短短几年间他已经读完了《孙子兵法》《战国策》《国语》《军人读本》等一些重要军事书籍。有一次，他深夜点灯读书，因为读得太晚，实在是太困，竟然歪着头睡着了，灯火把他的头发烧焦了一块。这些年的广泛阅读以及冯玉祥的军事思想和救国理念对他的影响，使他在心里暗暗立志一定要做一名新时代的军人，一名真正来自百姓、为百姓做实事的军人。

北京政变后，吉鸿昌为百姓做实事的机会就来了。1924年底，吉鸿昌所在第四补充旅移防归化城（今呼和浩特），驻防于新城小校场兵营。1925年初，冯玉祥到张家口，3月就任西北边防督办，开始了经营西北、重整军旅的活动。吉鸿昌所在的营补充了新兵，开展了颇具特色的军事训练。由于他的出色表现，1925年4月间，吉鸿昌调任督统署副官处长。两个月后，他又奉调警务处处长兼骑兵团长，当时李鸣钟任绥远督统。

吉鸿昌上任后的第一件事情便是为绥远人民修路。当时归化城虽为绥远的特别区首府，但是市政建设极其简陋，街道凹凸不平，一下雨，路面泥泞不堪，严重影响了市民的日常生活和出行。吉鸿昌看到这种情况，结合他在常德修路的经历，一种为民兴利除弊的责任感，驱使他决定要为百姓修一条宽阔平坦的马路。他亲自带着手下的工程兵去丈量、勘测地形，进行实地考察，提出了一个具体的道路整修计划：即刻整修从火车站至新城，从新城至旧城，从火车站至旧城三条路。待计划一获批准，吉鸿昌便开始动工，他以兵工的方式参加筑路。在他的鼓动和督办下，经过一个月的艰苦奋战，原来的路基被加宽加高了，沙石和炉渣铺的路面被碾压得坚硬平整，道路两旁种植了树苗。当百姓走在平整宽阔、绿树成荫的路上时，赞不绝口，对这位警务处处长充满了感激。种植树苗那天，士兵们都很兴奋，看着一个月的劳动成果即将交付使用，觉得辛苦也是值得的，他们纷纷抢种树苗，并给树苗命名。

　　吉鸿昌在绥远做的第二件大好事就是改善当地的治安，端掉了长期盘踞在绥远的几帮土匪势力。在当时的绥远首府，反动帮会势力猖獗，地痞流氓内外勾结，兴风作浪；绑票、抢劫，时有发生，百姓的生命财产安全得不到保障，深为其所苦。吉鸿昌上任后，大刀阔斧地整顿清理了当地警察，先清除了内部隐患。他对那些鱼肉乡里，勾结黑社会敲诈勒索百姓的不法警察，一经查实，则严加惩处，绝不徇私。有些不法警察不甘心，威胁吉鸿昌或者找上级施压，还有一些则悄悄给吉鸿昌送礼，对于前者，吉鸿昌完全不放在心上；对于后者，他则坚决拒收，不讲情面，不搞吃喝。很快，城市治安便出现极大的好转，百姓安居乐业。

清理了地痞流氓后，接着吉鸿昌做了一件绥远百姓想都不敢想的事情。在当时绥远广袤的土地上，有几个较大的土匪头子杨猴小、赵半吊子、金翅雕等，他们都是彪悍惯匪，凭借自己的实力与地方反动势力相互勾结，肆无忌惮地打家劫舍，奸淫掳掠，杀人放火，可谓无恶不作。很长时间内，绥远商旅畏途，生产停滞，经济凋零，百姓生活惊恐不安。吉鸿昌作为警务处处长，立志铲除这些无恶不作的杀人魔头。他决定凭借西北军进入绥境的强大军事威慑力，精心布置了招抚分化和军事剿除相结合的剿匪方案，亲率骑兵团，与地方武装相配合，采取以优势兵力予以各个击破的战术。然而，让他没想到的是，两次率队长途奔袭都扑了空。

原来是这些土匪们早就听到了消息，每当他出动，他们有的远遁，有的潜伏起来。当地民众得知吉鸿昌的骑兵团寻敌不着时，主动报信或充当向导，协助军队剿灭匪徒。吉鸿昌转战数月，先后将杨猴小、赵半吊子两股匪帮剿灭殆尽，金翅雕顽抗不降被击毙。剿灭杨猴小当日，百姓得知这个好消息，纷纷拿出自家的鸡蛋、腊肉、大米，追着吉鸿昌的骑兵团要送给战士。他们围住吉鸿昌说："感谢团长您，要不是您，我们没有一天安生日子过。"吉鸿昌让士兵不许收百姓的东西，他大声对百姓说："乡亲们，我们是老百姓的军队，吃穿住用都是百姓提供的，为百姓做事是我们义不容辞的责任，心意我们领了，东西你们拿回去，我们部队有部队的规矩。"

一番话说得老百姓们都唏嘘不已，真是为百姓的军队啊！至此，绥远道路畅行无阻，商贩络绎不绝，百姓安居乐业。

绥远有一个历史著名遗迹——昭君墓，吉鸿昌感慨时局的变化多端，决定趁空一游。昭君墓位于归化城南 10 公里的黑

水之滨，因无人看管，已是寒冢荒墓的一个大土丘。吉鸿昌看到后顿感荒凉，出于对这位巾帼英雄的久仰，他决定为其立碑以抒感怀。碑文曰："懦夫愧色。"其史评为："西汉元帝之际，边祸日亟，内外臣僚皆萎靡不振，怯懦卑鄙之无识者流，并无人焉敢挺身而为国捍危难者，独明妃以孱弱女子，身蹈……其冒险精神与班定远后先辉映……中华民国十又五年五月浣谷旦，中州吉鸿昌。"

3. 响应誓师

在绥远没待多久，随着国民革命形势的变化，新的历史使命又在召唤着吉鸿昌。1926年5月的一天，吉鸿昌正在练兵，忽然接到紧急电报，是镇守甘肃的刘郁芬为加强兵力，请求十二师派要员，领兵予以增援。

原来是因为军事需要，师长蒋鸿遇秘密率领新组建的第十二师北返，造成了兰州兵力减少，省城空虚，刘郁芬在兰州因兵力薄弱，几次电请张之江速派增援部队。与此同时，吴佩孚命刘镇华所部镇嵩军，由河南分道入陕，略定关中地域，而盘踞在陇东的张兆钾、陇南的孔繁锦这两个镇守使，拥兵自重，觊觎省城兰州已久，成为刘郁芬的肘腋之患，大后方兰州危急。

蒋鸿遇对吉鸿昌说："我已经分别给张之江、刘郁芬去电，推荐你担任旅长，并尽快组建第三十六旅，克日率部出发，经宁夏增援甘肃。"

吉鸿昌本想去南方前线，但他是一个识大体的人，深知兰州对于稳定大后方的意义，听了蒋师长的一番话，便放弃了到前线去的念头。他问道："三十六旅下辖几个团呢？"

"三个团。"蒋鸿遇说。

"依现在的兵源，充其量只能以手枪团为基础，组成一个团，骑兵团为二团。组建一个旅兵源缺乏。"

蒋鸿遇说："以地方保安队和一部分警察，再合编一团。"

"旅直属部队呢？"吉鸿昌急忙问道。

"先给你配置一个炮兵营，工兵、通信、辎重等，由你去配备。"

组建三十六旅的事，就这样确定了。

在回团部的路上，吉鸿昌碰上了在督统府任职的昔日好友沙月波，沙月波风趣地说道："世五（吉鸿昌的字），祝贺你高升，该请客了吧？"

吉鸿昌连连摆手，苦笑道："我几斤几两，你还不知道，恐怕这个苦差事，没人愿意干呢。"

沙月波笑着说："蒋督统满腹韬略，知人善任。他说过，援甘重任，非你老兄莫属，这就叫大才必有大用。"吉鸿昌听后，只有无可奈何地苦笑。

吉鸿昌日夜紧锣密鼓筹备三十六旅，没多久，一支新的队伍组建成了。

1926年6月中旬，由于对方军事部署的推进，兰州三面遭围困，形势危急。吉鸿昌接到命令：迅速出发！鉴于准备工作已基本完成，吉鸿昌也为兰州担忧，他率部立即出发。

和往常一样，出发前，吉鸿昌对士兵进行了全面的动员。他站在高台上，眼望着整齐的队伍，以浓重的河南口音高声喊道："弟兄们，我们旅就要远征甘肃了，长途跋涉到那里去干什么呢？对，打仗！打谁呢？消灭张兆钾和孔繁锦，他们与吴佩孚相勾结，企图占领兰州，杀向刘督办所部，甘肃又是咱们的生命线，是大后方。因此，我旅奉命迅速向甘肃进军以解兰州之危！"

说罢，吉鸿昌威严地环视了一圈下面的兄弟，又说道："我们此次进军路线，十分艰苦和复杂，去年刘、蒋二位督办率部去甘肃走过，有一大段路是在荒凉的沙漠中通过，人烟稀少，干旱缺雨。所以我们一定要有吃苦的准备，具有战胜困难的勇气，记住，弟兄们，坚持就是胜利！"他稍微思考了一会儿，严肃地要求："尽管我们是新建的部队，但不能丢人现眼，我军所到之处，一定要做到真爱民、不扰民，严守纪律，敢有不遵者，绝不宽容！"

部队先坐火车到包头，接着徒步行军，沿黄河北岸，经昆独沟、大佘太、乌镇到五原。其中有一段路程十分艰难，天气变幻无常，一会儿是肆虐的狂风、弥漫的扬沙，一会儿是烈日暴晒，一会儿又是大雨倾盆！在这样的天气下行军，官兵们时而汗流浃背，干渴难耐；时而衣服湿透，冻得瑟瑟发抖。而且这里昼夜温差极大，入夜寒气袭人，官兵们难以入睡。吉鸿昌南征北战数十年，也是第一次遇到如此恶劣的天气。但他深知，没有别的选择，越是在这种时候，越是要打起精神，和士兵们同甘共苦，带领他们面对困难，战胜困难。他弃马步行，马匹用作驮运病号和轻装的物品。士兵们看到旅长尚如此，大受鼓舞，在沙地里行军，步履艰难，常常是迈一步退半步，体力消耗极大，但是每天仍坚持走七八十公里。

一天中午，吉鸿昌来到后卫团，发现一个班不是抓紧时间吃饭，而是把武器放到一边，东倒西歪地躺在地上胡乱骂了起来。他知道这支部队成分复杂，素质参差不齐，组建以后缺乏严格的训练，便克制自己没有发火。他静静地观察着，其间一个半躺半卧、满脸汗渍的士兵嘟囔着："这是什么鬼地方，这不是往死里走吗？脚下没有路，老天爷一会儿一变脸，我实在走不动了。"见没人理他，便对班长喊："听见了吗？要是装熊，我是孙子。"

班长诚心要刺一刺他，说道："别当孙子，还是做我的儿子比较合适。旅长那儿有马，走不动你骑上嘛。"

"你当我不敢。"见有人搭理他，他坐起来嚷道："走，找旅长借马骑骑。"转过身来，见旅长正看着他在笑，他难为情地伸伸舌头说："旅长，您什么时候来的，跟我们一起吃饭吧。"

吉鸿昌没有发火，也没有训斥他，而是用同情的口吻安慰道："累，是真的够累的，我也觉得很累，我们再坚持两天，到了石嘴山，咱们好好休息一下，改善改善生活，恢复恢复体力。听说冯老总早就派人在这里测量地形，打算修一条包头到宁夏的铁路。不过，现在还需要用脚走。"

到了石嘴山，看着当地丰富的矿藏，吉鸿昌不禁感慨："官府腐败，有钱打仗，却让这些宝藏沉睡而不思开发造福于民。仅有的几座煤井奄奄一息，几个盐池、碱池，产量也少得可怜。"这让吉鸿昌痛心不已。

部队从石嘴山出发，以急行军的速度，顺利进入宁夏城。在该城驻军的是马鸿达的回民武装队。马氏兄弟们拥兵自重，成为宁夏的土皇帝。吉鸿昌充分展现了其"外交"策略，他与马鸿达进行了友好协商，达成互不侵犯的口头协议，还送给马鸿达新式冲锋枪和二十响盒子枪。在友好的气氛中，邀请马鸿达到部队检阅、讲话。这样以和平的方式消除了部队前进的阻力。

此时，兰州的形势越来越危急，设防与包围的兵力悬殊，使得兰州几乎成为一座空城。吉鸿昌旅加快速度行军，于6月下旬抵达兰州。得知吉鸿昌到来，刘郁芬速派宣侠父到郊外迎接。宣侠父是共产党员，应冯玉祥的邀请，由李大钊派到西北军工作的，不仅颇有口才，而且还有军事谋略。吉鸿昌久闻其名，钦佩有加，但一直未曾谋面。当看到刘督办派来的迎接使者是宣侠父时，吉鸿昌紧紧地握着他的手。

当吉鸿昌的部队到达兰州城时，兰州市民兴高采烈，纷纷走上街头，锣鼓喧天地欢迎三十六旅到来。随后，刘郁芬率军政要员，在吉鸿昌的陪同下，检阅了远征而来的官兵们。兰州的民心也安定下来。

由于双方力量对比的反转，再加上刘郁芬、吉鸿昌等在战略上的精心部署，国民军很快从被动转为主动，发起了反击战，没多久，通过几次夹击战，东线、西线和南线的敌人都被歼灭，地方割据势力很快被消灭，社会趋于安定，真正成为国民军的大后方，军队与民众无不欢喜。

第五章 南征北战

1. 解西安之围

1926 年 10 间，固甘的目的已经达到，解除了一部分后顾之忧，但是解困西安城的任务又摆在吉鸿昌面前了。

在兰州保卫战打得最激烈的时候，吴佩孚指使镇嵩军首领刘镇华率领号称 10 万的镇嵩军，对古城西安来了个大包围，杨虎城等率部顽强抵抗，坚持长达 8 个月之久，城内几乎到了弹尽粮绝的境地，冻死饿死的军民近五万人，西安城危急。五原誓师后，冯玉祥把救援陕西，解西安之围作为"围甘援陕，联晋图豫，会师郑州"的重要环节。

10 月，冯玉祥调集部队，救援陕西，以解西安之围。此时，孙良诚被任命为援陕总指挥，宣侠父为总指挥政工处长，宁夏的马鸿达已受命改变为国民军第七师，加入援陕序列。

而与此同时，国民大革命正在南方如火如荼地开展着。北伐军所向披靡，占领两湖，进攻江西，给国民军极大鼓舞。很快，吉鸿昌、梁冠英、刘存简等三部，在孙良诚的指挥下，来不及筹措棉衣，便踏上援陕的征程。多年的南征北战，吉鸿昌深知，解西安之围对于策应国民革命军北伐具有重大战略意义。而拔掉刘镇华这颗钉子，对吴佩孚将是一个致命的打击。

抗日英雄

吉鸿昌

行军途中，吉鸿昌对敌军的军事部署做了分析。待孙良诚部前锋抵达咸阳城内时，吉鸿昌部已到达乾州、礼全一带。孙立即决定，以一部兵力先行抢渡渭河。但因为敌军在此布置了强大的军事火力，渡河未能成功。其实，敌军早有准备，刘镇华在前天即下令围困咸阳的部队，撤至渭河南岸，凭借渭河、沣河天险阻击国民军。他进行了精心的战略部署：从咸阳河的南街起，沿沣河至斗门镇以南，为第二道防线，总兵力约为3万余人。援陕部队被阻在渭河北岸。

面对渭河险阻，指挥部召开军事会议，制订了周密的作战计划。会上决定，吉鸿昌部趁夜西进，迂回至兴平，出敌不意渡过渭河。吉鸿昌领命后，立即调遣部队行动。在行进中，参谋长不无忧虑地对他说："刘镇华兵多将广，以逸待劳，咱们渡河以后，形同孤军深入，敌众我寡，形势相当严峻，而且后续部队源源入陕，是需要时间的，我们万不可大意，步步需小心谨慎呀！"

吉鸿昌听后，对参谋长的建议感到满意，他说道："刘振华不是草包，这点我有自知之明。当前速战速决，一战而胜的想法太天真了。况且我部以长途跋涉的疲惫之军，去对抗优势之敌，不能不顾及严重的后果。所以，这个时候，最重要的还是我们的这个决心，弟兄们的决心，俗话说，狭路相逢勇者胜，当然这个决心，来源于将士们的勇敢。然而，仗打起来，随着战局的变化，还是需要见机行事。"

经过严密观察，避过了敌军的游动哨，在友军的支援下，吉鸿昌即组织部队以迅雷不及掩耳之势抢渡渭河。过河之后，没有停息，便向东攻击前进，直插镇嵩军所据守的前哨阵地，将其击退并占领，打了敌人一个措手不及。

随即，因为各方军事力量的较量和调整，战事进入胶着状态。吉鸿昌部奉命担任攻击正面敌人的任务，向三桥镇继续发起冲锋，但是每攻下一村寨，都要付出很大代价。当时正值深秋季节，再加上当时走得急迫，士兵们没来得及带秋天的衣服，又赶上阴雨连绵，道路泥泞不堪，官兵们穿着单衣，衣服淋湿后冻得瑟瑟发抖。加之几次进攻受挫，整个军中士气低落。吉鸿昌清醒地意识到，自己作为指挥员必须表现出特有的镇静与胆略，以赢得官兵们的信赖，他感到自己肩上的担子更重了，更加注意自己的一言一行。

为了鼓舞士气，也为了更好地以身作则，他经常不顾寒风刺骨，毅然来到前沿阵地，与士兵一样穿着单衣，走在士兵中间，对他们嘘寒问暖，了解情况。这是他长期领兵的特点，从他当连长开始便如此。他一直提倡要与士兵们同生死，共命运，不能搞特殊，不能脱离群众。而他的思想鼓动往往能产生奇效，只要他一到前线，官兵们就有了主心骨。他告诫官兵们："越是坏天气，越要百倍警惕，战争瞬息万变，任何疏忽，都可能招致不可挽回的损失。"

随后，敌我双方陷入了拉锯战，吉鸿昌所率的部队虽然前进了十多里，但是官兵生活条件极差，部队也非常疲惫。他反复分析了当前有利和不利因素，决定一举攻下三桥镇，振奋士气。经过短兵相接的巷战和残酷的肉搏战，虽然损失惨重，但终于取得了渡河以来最大的胜利，极大地鼓舞了士气，增长了官兵们的信心。

随着战争的推进，战局转变的关键时刻终于来了，吉鸿昌参加了由孙良诚所召集的紧急军事会议，商讨对刘振华部在溃败中继续顽抗的对策。当时，因为不明刘振华的真实意图，大家议论纷纷，莫衷一是。心直口快的吉鸿昌建议：撤退之敌，虽已军心涣散，但其兵力仍数倍于我，新到援军没有得到休整，十分疲惫，若正面攻击，势必多有伤亡，不如避实就虚，袭击敌军心脏，易收辉煌之果。大家一致认可吉鸿昌的提议。会议当即决定，刘汝明从左翼向刘镇华临时驻地——临潼抄袭，吉鸿昌、高树勋两部由右翼进击，正面由孙良诚发动攻击。

在右面战场上，吉鸿昌率部与敌人进行了激烈的交战，他又一次表现出卓越的指挥才能和大无畏的战斗精神。他率领两个团绕道前行，在半夜时分截止撤退之敌，杀了他们一个措手不及。所谓狭路相逢勇者胜，他手持大刀片，冲在最前面，指挥作战。镇嵩军已成强弩之末，不敢恋战，很快就败退下来。

几个战场上纷纷传来捷迅，1926年11月28日，被围困达8个月之久的西安终于被解围了，全城锣鼓喧天，一片欢欣。

　　西安解围后，吉鸿昌部奉命驻防渭南。一天，代理参谋长傅二虞饶有兴趣地对吉鸿昌说："外边流传着您的歌谣呢：'城里两只虎（杨虎城、李虎臣），不如西来一只鸡（吉的谐音）'。"

抗日英雄
吉鸿昌

　　吉鸿昌听后无可奈何地摇摇头，打趣地说道："杠子打虎，虫蚀杠子，鸡吃虫，老虎吃鸡。你看哪个厉害？都有自己的优势，也有自己的不足。其实你听到的这种形象的比喻，只是谣传，不足为信。我吉鸿昌真有怎大的本事，那不是神了，我只不过在解围战役中，做了自己的努力而已。"

傅二虞认真地说道："谣传我可不信，但是我部英勇善战，则是有目共睹的。此次战役，在敌我兵力悬殊的情况下，插入敌人阵地，坚守时，寸土不让，出击时，勇猛冲锋。特别是在三桥镇逐巷逐屋，反复冲杀，肉搏相加，其惨无比，直至攻占三桥，稳住阵脚。我佩服你作为一个部队的主脑所表现出的临危不惧、坚定沉着的精神和身先士卒的勇毅性格。"

吉鸿昌就他的话说道："战争就是这样残酷，有敌无我，有我无敌。打仗的要诀，就是英勇果敢，置之死地而后生；怕死，未必不死。二虎坚守西安何尝不是如此，他们城在人在，城亡人亡的决心，可谓矢志不渝，这种精神堪称军人楷模。"

不久，第三十六旅扩编为第十九师，吉鸿昌升任师长，这是冯玉祥对他在解围西安中表现的嘉奖。

2. 天堑飞渡

在黄河黄沙峪渡口，至今还留有四个大字"天堑飞渡"，这是当年吉鸿昌为了纪念渡河成功，亲自书写的，勒石立于此。

1927 年春，冯玉祥的国民军被武汉国民政府改编为国民革命军第二集团军，投入轰轰烈烈的北伐战争。为了当时的革命形势——"援鄂攻豫，会师中原"，冯玉祥决定兵分三路由陕西出发，分别向湖北、河南、山西、绥远四省进军。

吉鸿昌部属于中路，由孙良诚率领。早在誓师前，吉鸿昌就接到了战前准备的通知：东进河南，会师中原。作为中先锋部队，于1927年4月下旬就出潼关东进，向河南灵宝攻击前进。刚进入豫西，就将刘镇华的一支部队击溃。

5月上旬，吉鸿昌所在的十九师前卫旅会同友军，经过一小时的激战，攻克灵宝，像一把尖刀，直插渑池、铁门。在攻打渑池、铁门时，由于受地形阻挠，吉鸿昌率领十九师发起夜间攻击，发挥其夜间近战的优势。他亲自到第一线指挥，战斗异常激烈，敌军凭借工事顽强阻击，十九师异常勇猛，拂晓便占领了铁门，敌军后撤。新安城的敌人军心大动，直接开城投降。

其他战线也密切配合，很快，吉鸿昌师便在友军的配合下，突破敌军第一道防线，敌军残部逃入洛阳。国民军对洛阳形成包围之势，前敌指挥部把解决洛阳的任务交给吉鸿昌。

吉鸿昌接到此重任后，并没有立即下令攻打。他认真分析了洛阳的形势：此时的洛阳已成为一座孤城，城内守军在我第二集团军连战连捷的强大攻势的震撼下，必定是将无信心，士无斗志，他们孤立无援，若顽强抵抗，不会有好结果。而我军是正义之师，且师出有名，又有老百姓的支援，士气正旺。因此，吉鸿昌想到了一个拿下洛阳的良策。

吉鸿昌招来参谋长傅二虞说道："我请缨出关，势如破竹，但是我们也付出了不少伤亡代价，连续作战，官兵已是十分疲劳，如今兵疲城坚，即使不伤亡，洛阳也非一日可攻下，况且百姓年年为战争所苦，流离失所，饱受战争之苦。因此，以和平方式解决，也许不失为一个良策。叫你来，是请你进城去见万选才，告以北伐当前形势，讲明利害，我们共同北伐，使洛阳的黎民百姓面受战火涂炭。如果真如此，岂不是功德无量。"

傅二虞有所顾虑地说道："你知道，万选才的参谋长宋照奎是我保定军校的同学，以人品衡量，他断不会加害于我，但是战争期间，各为其主此乃常情，我顾虑我会不会蹈王恩沛的覆辙呀。"

抗日英雄小故事

吉鸿昌哈哈大笑，十分肯定地说道："二虞，此一时彼一时，现在北伐军在平汉线上节节胜利，万福麟也跑了，万选才守一座孤城，你给他送台阶，他肯定就会下的，岂会恩将仇报？放心去吧。"

果然，傅二虞进城，谈判十分顺利。万选才接受撤出洛阳的条件，率部向卢氏一带集中。吉鸿昌部进驻洛阳后，很快拿下巩县（今巩义市）。国民军与北伐军相配合，6月初便攻克了郑州、开封。至此，奉军已是四面楚歌，分向郑州以北、以东撤退，国民军"会师中原"的作战计划完全实现。

这时，吉鸿昌部驻防巩县，收到冯玉祥给各部的电报，表彰了全军此次东进中的英勇表现，强调："努力革命为最大多数贫苦同胞谋最大幸福。""欲完成革命，必须打倒帝国主义及其工具卖国军阀。"电文还高度颂扬了工农群众的支援："我军每至一地，当地农民，扶老携幼……米面馍粥尽是供给"和"陇海铁路工友热心运输，恢复交通，使我行军方便"。

吉鸿昌看到后受到极大鼓舞，他感慨地对傅二虞说："二虞，你看这一句'努力革命是为了最大多数贫苦同胞谋最大幸福'，甚是公道，反映了师出有名的实质，否则，在敌众我寡的形势下，胜利岂不是奢谈。可见人民战争的重要性！"

驻扎巩县，吉鸿昌就一直在谋划夜渡黄河的战役，而这个机会随着冯玉祥的到来变得可行。1927 年 6 月初，冯玉祥到郑州开会，路过巩县，下车逗留了半天。在吉鸿昌的陪同下，视察了孝义兵工厂，总司令笑容可掬地对吉鸿昌说："东进以来，十九师一路打得不错呀！"

吉鸿昌趁机向总司令请战："报告总司令，目前屯集在黄河北岸与我们隔河相望的奉军，正在养精蓄锐。为了不给他们喘息的机会，在黄河路桥破坏的情况下，在巩县这里渡河奇袭，出敌不意杀向敌人，定可收事半功倍之效，卑职愿意率部偷渡，请总司令批准！"

冯玉祥问道："黄河自古称为天险，有把握吗？"

"有。"

"如何有把握？"

"正因为是天险，敌人必然疏于防守。"

"可以考察，但准备工作要秘密进行。"

得到冯总司令的批准，吉鸿昌异常欣喜，渡河，他已经准备很久了，之所以敢如此有把握，一方面是因为他的自信和过人的军事指挥才能；另一方面是因为他已经做了大量的周密准备。

那个时候，吉鸿昌的师部设于鳌岭师范学院，他在这里结交了几个淳朴诚实、言谈有见地的学生。他经常组织部队到洛河里去游泳，总是约上这些学生一起前往。洗澡时，谈天说地，吉鸿昌便问他们黄河汛期时哪一段河面最宽、什么情况下河水浪高流急、哪个村子里有经验丰富的摆渡能手以及一般老百姓的生活状况和百姓对国民军的看法等。这些问题都得到了学生

们无拘无束的直言相告。说者无心，问者有意，其实这是吉鸿昌在进行渡河之前的准备工作。

6月下旬，吉鸿昌便带着参谋长傅二虞，多次到河岸选择渡河地点，一个又一个地研究比较，以便决定最佳渡口。一次，两人在一块大石上相对而坐，吉鸿昌指着黄河说道："从战略上讲，在奉军破坏黄河铁桥的情况下，我师由此偷渡黄河，过河之后，直捣万福麟驻有重兵的豫北重镇——新乡，当可指日而下。若次，郑、汴之敌将不战自退。这样不但壮大我军声威，且比由陇海路节节向前推进，事半功倍。"

傅二虞对吉鸿昌的意见持保留态度，他有所顾忌地说道："偷渡黄河能够成功，自是皆大欢喜；但是黄河自古有天险之称，先不说敌前渡河为兵家大忌，单说这波浪翻滚的急流，船只能否过得去尚且堪忧啊。况且，对岸敌军的布防情况，我们根本不了解，难操胜券哪！弄不好，将要遭到灭顶之灾，你我干系甚大呀！"

吉鸿昌深知傅二虞的个性。他曾就读于保定军校，文笔也不错，但是没有实际指挥过战斗，做事顾虑较多，便反驳道："在军事典籍上找不到这种战例是不是？你呀，总是前怕狼后怕虎。太冒险了是不是？我不否认。但是打仗就是一件冒险的事，该冒险的时候，不去冒这个险，就会丧失战机，还谈得上什么胜利呢？我主张为将者，决不能狐疑不决，需要的是坚定果敢！"

"看来，我只配做幕僚，大主意你拿，我服从。"傅二虞苦笑道。

吉鸿昌早已下定了决心，斩钉截铁地说："时机成熟，今日渡河。你立即调人征集渡船和有经验的船夫，尔后将船密泊汜水，起渡时从这里进入黄河。"

很快，吉鸿昌便在团以上军官会议上宣布夜渡黄河的计划，并要求各部队进入临战状态，话音刚落，各旅长、团长们用疑惑的眼光，你看看我，我看看你，疑虑重重，不知道说什么好。

会后，旅长徐福胜、团长汤传声，虽然知道师长的脾气，他的命令是很难更改的，但还是找到参谋长傅二虞，恳求道："黄河乃天险之河。我军偷渡，如被敌人发觉，稍加火力封锁，官兵葬身鱼腹无疑。为此，务必请参谋长计划周全，有所主张，为一师弟兄着想，别光听师长的。"

没等傅二虞犹豫不决是否要向师长禀报，有位团长直接找到了吉鸿昌，谈了他对渡河的担忧。为了解决大家的疑惧，吉鸿昌立刻召开了会议，继续向他们解释："敌前渡河，固然危险，但守敌必然凭恃黄河天险而疏于防守，会错误地判断我们不敢偷渡。他们高枕无忧之日，也正是我们出其不意掩其不备之时，这是我们渡河成功的关键，退一步说，他们有备，也不会是枕戈待旦的戒备，事实上也还是疏于防守。"

吉鸿昌越说越激动，提高嗓门说道："大概世界上不冒险的仗是没有的，哪能顾虑那么多，该冒险就得冒险，险中取胜，方显英雄本色嘛，各旅长、团长必须抱必胜的决心，古有破釜沉舟以表示决心的，我们有强大的后盾，既不用砸锅，也不用沉船，为了表示我与士兵同生共死的决心，渡河时，我先上第一条船！"

为了确保万无一失，吉鸿昌首先从那些船夫着手，他派人把那些躲藏起来的船工挨个请到师部，摆上四碟四盘四碗的宴席，亲自把盏敬酒，请教抢渡办法。老船工看吉鸿昌虽然是一师之长，却没有一点官架子，豪爽直言，如此看重这些土里土气的农民，如今渡河遇到了难处，当竭力予以帮助。他们实话实说："别看黄河天险，水大势猛，打着漩涡往下滚，还是能过河的。只要你们敢过，我们就撑船。"

吉鸿昌一听，喜出望外，把酒壶一放，立刻说："只要你们敢撑船，我们就敢过河！"

继续询问了详细的抢渡信息以后，吉鸿昌心里更有底了。他很快定下了从波涛汹涌、一向不为人们注意的黄沙峪渡河的计划，斩钉截铁地说："就从这儿过去！"

1927 年 7 月 3 日，夜黑沉沉的。第一批渡河的先锋团勇士们，将隐蔽在汜水的船引入黄河，在黄沙峪待命。吉鸿昌亲自动员，他用低沉而有力的声音对先锋团的官兵说："弟兄们，

这场特殊的战斗就要开始了，自古以来在漆黑的夜晚，抢渡汹涌澎湃的黄河，我不敢说这是第一次，但是这对咱们却是第一次。还好，今晚天公作美，没起大风。在这夜深人静的时候，惊涛拍岸，河水还是不平静啊！但是这不可怕，只要你们服从命令听从指挥，沉着冷静，同舟共济，是能安全渡过去的。弟兄们，你们有勇气没？"

"有！"大家不能高声大呼，但还是有一股不可阻挡的气势！

"出发！"吉鸿昌一声令下，便第一个跳上了船头，这可急坏了紧跟其后的汤团长和徐旅长，他俩急忙把他拉下来，徐旅长激动地说："师长是全军的首脑，负责指挥部队渡河，应付不测敌情，怎可率先冒险呢？"汤团长也戏谑地说："师长，咋，对我们不放心？强将手下无弱兵，你就听我们的捷报吧！"

吉鸿昌没法，极不情愿地回到临时指挥所。很快，先锋团便按计划起渡，虽然风大浪急，船只俯仰摇摆，有些官兵眩晕呕吐，但是总算有惊无险。部队到达对岸后，以迅雷不及掩耳之势，将黄沙峪渡口的地方哨所包围。然后根据所俘虏的向导的指引，直捣敌军营长驻地。汤团长将奉军扣留在河北岸的几十条船予以集中，然后找到船工，将船划到南岸。吉鸿昌得到捷报后，立即率领手枪队上船，渡达北岸，实施指挥。很快，便率部向温县挺进。

冯玉祥获悉十九师夜渡黄河成功，无比兴奋，直接打电话给吉鸿昌，在电话里喊道："吉鸿昌，好小子，你个'吉大胆'，还当真过去了，我要通电嘉奖你！"

随后冯玉祥通电全军，颁给十九师"铁军"的称号，并予以 1 万元的奖励。

渡河后，吉鸿昌即率军挥师北进，直指新乡，把敌人逼退到漳河以北。

这次渡河战役，成为当时的一个"神话"，吉鸿昌在这次战役中表现出超出常人的胆识和卓越的军事才能！

3．中原扬威

渡江战役之后，吉鸿昌率领十九师在豫东战场上南征北战，屡建奇功，创造了以少胜多的"神话"，十九师也因此闻名遐迩，让敌人闻风丧胆，进一步彰显了其"铁军"的称号。

1927 年全国革命形势发生了翻天覆地的变化，国民革命如火如荼，眼看胜利在望，然而国民党右派势力却走向反动，4 月，蒋介石在上海发动了震惊全国的"四一二"反革命政变，7 月，汪精卫主持的武汉国民政府，发表"七一五"分共宣言，国共合作破裂，轰轰烈烈的大革命以失败告终。此后，虽然北伐战争仍在进行，然而其性质却发生了实质性变化，成为新旧军阀间的争斗。

当时，冯玉祥的部队成分构成极为复杂，他的国民革命军会师中原后，先后接受改编的部队有十余万人。但是这些人当中有很大的一部分人并非真心实意归顺国民军，而只是他们谋取生存的缓兵之计。他们明里归冯，暗里与奉系、直系联络，经常搞些小动作，随时准备倒戈。果然不多久，靳云鄂部首先发难。冯玉祥立即命令孙良诚向靳部发起进攻，孙虽然对吉鸿昌有所嫉恨，但吉鸿昌的十九师在其所辖的三个师中，实力最强，所以他仍然"照顾"吉鸿昌为前锋部队。

吉鸿昌接到命令后，当夜率领部队由新乡出发至郑州，很快攻克了许昌、临颍，接着挥师一路南下，迅速将郾城包围。但是，郾城的守军防守十分完备，攻击部队被守军的猛烈炮火压住，战事一时呈胶着状态。吉鸿昌心急如焚，立即从指挥所直奔前沿阵地。接近车站时，他带领的一行人被敌军发现，顿时，弹如雨下，他的随从接二连三地倒下。当时的情势十分危急，他所在的地带平坦开阔，没有工事掩体，一时也来不及寻找隐蔽物。当时，他的贴身随从拉着吉鸿昌后退，但是吉鸿昌无所畏惧，勇往直前，一脸凛然。他大吼一声："你们谁也别拉我，这个时候，谁后退，谁就是孬种！"到了前沿阵地，他立即沉着冷静地下达了发起冲锋的命令。官兵们在师长的鼓舞下，不顾密集的火力封锁，一鼓作气，以猛虎下山之势，杀向敌军阵地，很快守军的气焰被压了下去，战争形势迅速扭转，敌人四处逃窜，十九师以迅雷不及掩耳之势占领了阵地。

　　随着中原战场形势的变化，为了配合冯玉祥"以迂为直"的战略部署，吉鸿昌的十九师又一次被作为主力部队被孙良诚派到兰奉线上发起主攻。吉鸿昌接到命令后，立即向占据兰封车站的直鲁军徐源泉部发起攻击。自10月下旬，战争打响，双方均采用攻势，拿出誓死一搏的态势，试图先发制人。战争一开始，直鲁联军以猛烈的炮火，昼夜不停地炮轰吉鸿昌部的阵地，一时，吉鸿昌部阵地上硝烟弥漫，火光冲天，流弹横飞，横尸遍野，随后，双方短兵相接，战斗十分惨烈，双方官兵伤亡惨重，但是双方都顽强抵抗。战斗进行到第四天，突然联军以一营的兵力，突破了十九师的火力防线，直接冲到十九师指挥部。当时情势十分危急，只有手枪队百余人，增援已经来不及了，吉鸿昌又一次发挥了其卓越的军事指挥才能，他当机立断，脱掉上衣，手持大刀，高声大呼："走，跟我冲过去，怕死的是孬种！"

其他官兵见吉鸿昌如此，士气大受鼓舞，纷纷脱掉上衣，挥刀向前冲去。顿时，整个战场寒光闪闪，杀声震天。狭路相逢勇者胜，经过一个多小时惨烈的肉搏，联军溃不成军，阵地稳住了。当晚，吉鸿昌没有返回师部，依然留在前沿阵地上，誓与官兵共存亡。其实，在整个战斗过程中，哪里有危险，吉鸿昌就出现在哪里，总是冲在最前线。他还审时度势依据战况，用电话嘱咐部将，要他们勇猛不怕死，不要胆怯。这大大鼓舞了士气，稳定了军心。

恶战 8 天，十九师才以极其惨烈的代价将敌人吸引过来，完成了任务。接着在其他战线的配合下，冯玉祥部取得了"空前的大胜利"。根据冯玉祥的战略部署，吉鸿昌的十九师退回兰封南北之线原地，严阵以待。

吉鸿昌顾不上身体的疲惫，每天奔波在各个营地，看望伤病员，安抚战士们的情绪，并立即着手整顿部队，补充枪支弹药和粮秣。一天，吉鸿昌又像往常一样早早去战场慰问伤兵时，伤员们看到自己的长官长长的头发、沧桑的脸庞、满脸的络腮胡子和一双布满血丝的脸，知道他已经是好几个昼夜没合眼，从心里心疼起自己的师长。吉鸿昌看着这些跟随自己出生入死的受伤兄弟们，也是感慨万分，他们跟着自己吃尽了苦头，哪里最危险，就冲在哪里，总是打头阵，即使伤成这样，也没有呻吟，没有叫苦，真是尽显军人本色。他忽然就想到一句顺口溜"十九师打，第二师看，十八师在后面吃洋面。"其实这顺口溜真实反映了当时的真实情况，所以一经传出，便广为流传，也是对十九师"铁军"表现的自我评价。

部队还没稍做休整，恶战就又开始了，直军卷土重来。11月下旬，吉鸿昌部和兄弟部队一起将刘志陆、潘鸿钧部围困于考城，以雷霆万钧之势，将其歼灭。溃敌姜明玉部逃窜至曹县，吉鸿昌立即率部乘胜追击，将其围困在曹县城。

曹县城高池深，易守难攻。姜明玉早领教过吉鸿昌的厉害，采取按兵不动，死守不出的策略。

吉鸿昌师负责东、北两面的围城任务，并担任主攻，搭档梁冠英负责西、南两面。一开始，吉鸿昌采取正面强攻的战略，经过夜以继日的准备，造好了登城墙的云梯。11月正式开始攻城，然而由于敌军火力太猛，占据地形优势，伤亡十分惨重。于是，吉鸿昌立即下令停止攻城。

退下来后，吉鸿昌苦苦思索破城的方法。他决定派大刀队

抗日英雄
吉鸿昌

夜袭东、北两关厢之敌，歼其一部使敌退入城内，以解除攻城时受侧击的威胁。占领关厢之后，即将关厢毗邻的房屋的隔墙打通，使之互相贯通至城墙根。这一部署，在吉鸿昌指挥下顺利实现。第二次攻城，吉鸿昌指挥部队用云梯猛攻，不料却遭到隐蔽之敌的砍杀，吉鸿昌的右臂中弹受伤，当时情势十分危急，吉鸿昌扯了衣服上一块布，咬紧牙关，稍做包扎，继续在前沿指挥作战。敌人居高临下，火力猛烈，几度爬墙，均未成功，伤亡惨重。吉鸿昌果断下令停止爬墙。撤退下来后，忽然一个新的攻城计划闪现在他的脑海里，既然从上面进攻不行，为何不从下面挖地道。"对，挖地道，用炸药把城墙炸开！"吉鸿昌一拍大腿，立即找参谋长商议筹划挖地道轰城。

梁冠英师长得知吉鸿昌受伤，前来探望，吉鸿昌幽默地说："我刚要打电话向你通报轰城的设想，你就来了，真是说曹操，曹操到。"

"听说你受了伤，我是来看你这个伤号的。"

"穿了一个洞，不碍事。"

"算你命大，不过，姜明玉知道你挨了一枪，该做好梦了。"

"让他做去吧，好梦长不了，地道成功之时，就是他完蛋之日。"

这时，奉命进曹县劝降的吉鸿昌的参谋岳亚霖回来了，同来的还有姜部师长范龙章、岳亚霖独自进来向吉鸿昌汇报：

"姜明玉避而不见，是这位范师长接待的。我当即向其说明通过谈判，和平解决的诚意，条件是他们必须出城接受改编，吉师长以人格担保，保证姜军长和弟兄们的生命安全，但姜军长必须离开部队。当范师长禀报姜明玉后，他的态度令人失望。姜明玉托词需与各级官兵开会商量后才能定夺，仓促行事，恐横生枝节。"

梁冠军听后，轻蔑地一笑说道："看来不动真格，姜明玉总是做美梦。他是想拖延时间，趁机逃脱吧。世五，咱们加快坑道作业进度，给他点颜色看看！"

吉鸿昌接过话道："困兽犹斗嘛！其实他已经无路可走了。不过，既然他派范龙章来了，不管他是真心也好，假装也罢，我还是要款待他的，向他晓明大义，说明利害，只要有一线希望，也要尽力争取和平解决，避免城内黎民百姓受战火之苦。"

梁冠英该走了，吉鸿昌边送他边说："少则三五天，多则一周，轰城定然成功。届时爆炸声起，就是攻城的统一时间，请老兄率部在城西、南即刻猛攻。"

"一言为定！"梁冠英掷地有声地说道。

第二天，范龙章接受了吉鸿昌尽早做出答复的要求，匆匆返回曹县城内。当天下午，出人意料地传出了姜明玉暴死的消息。当晚，吉鸿昌就收到了范龙章送来的信，信中说道："姜军长暴病而亡，部队一时军失重心，众将领偏颇之见难以统一，

抗日英雄小故事

关于军队出城受编，尚需稍缓数日，再为报命。"

吉鸿昌看了信哈哈大笑："拙劣的雕虫小技，岂能骗得过我！此系诈死无疑。"立即吩咐参谋长："你亲自督促坑道作业，要昼夜施工，加快进度。看来这个姜明玉还不可小觑，不仅狡猾多疑，还是一个顽固不化分子呢。"

参谋长傅二虞思索了片刻说道："恐怕姜明玉还是对保证其生命安全疑虑多端，而出此下策，可否再给他写信？"

"可以写，为啥不写。不过，对于他这种暴戾无忌的军阀，总是以小人之心度君子之腹，他'再为报命'是假，缓兵之计是真。"

姜明玉的日子也不好过，他召集他的幕僚们焦头烂额地商量对策。可是那些并不是真心追随他的幕僚们看到这种时局，早已军心动摇，迫于他的淫威，也只是虚假地附和他，并没有拿出实质性的突围方案。

三天后，吉鸿昌的部队已经在坑道将炸药安装完毕，吉鸿昌做了周密的战略安排。深夜，他亲自集合奋勇队，给他们做动员。他大声喊道："轰城之时，就是顽敌被歼之日。我们的目标是活捉姜明玉。勇猛冲锋者赏，敢于退却者斩！是好汉，是孬种，炸药一响见分晓！"

第二天拂晓，按照预定的时间和部署，"轰隆"一声震天巨响后，城墙崩塌数丈。奋勇的官兵们不顾砖石、子弹、刺鼻的硝烟，趁敌人手忙脚乱、晕头转向之际，向城内猛冲。城门被突破，即刻，吉鸿昌带领他的手枪队冲进城去，几乎没有遇到敌军的反抗，守军完全缴械，姜明玉在地洞内自杀，范龙章自首，曹县被攻下。

至此，吉鸿昌率领的十九师已在豫东战场上屡建奇功，名声大震，令敌军闻风丧胆，铁军驰骋豫东，尽显神威。

4. 大义灭亲

1928年1月，随着冯玉祥军事部署的调整，吉鸿昌随部队在家乡河南一带驻防，正好此期间没有军事安排，所谓"近乡情更怯"，想着自己好几年没有回过家了，父亲身体也不太好，托郝子固办的学校也不知道怎么样了，便立即请了假，稍做安排，便动身回家。

　　在一般人看来，吉鸿昌算是衣锦还乡，可是他讨厌这种陋习，事前就跟勤务兵和陪同的人员交代，定不许声张。临行前，勤务兵看着吉鸿昌满脸的胡子，头发也长得不像样子，还有那身被打穿了洞、还露着棉花的军装，实在是看不下去了，硬是给吉鸿昌剪了头发，刮了胡子，才使吉鸿昌显出他 30 多岁的本来面目。副官牛建中诙谐地说："你要是不刮胡子，回到家里，不把你当成张飞才怪，说不定嫂子都不会让你进门。还有你这身衣服，实在是太寒碜了，是不是到军需处领一身新棉衣换上？"吉鸿昌看了下自己全身的装束，不以为然地笑了笑说："冬衣每人一身，不能换新的，我这是回家，又不是去官场应酬，我有件万能大衣，带上它吧，既御寒又遮丑。"就这样，吉鸿昌穿着一身破旧的棉衣踏上了归程。

　　一路上，车行驶在两次兰封大战的旧战场上，土路坎坷不平、烟尘滚滚，沿途村庄凋敝，到处是断壁残垣，萧条冷清。吉鸿昌一阵心酸，思绪起伏："战争啊，战争，是多么残酷和有破坏性，使这昔日富饶的平原满目荒凉，商旅行人稀少，黎民百姓过着惊恐不安的日子。而自己，却是这些战争的指挥者和参加者，使这一片生我养我的土地留下如此的伤痕，实在是愧对百姓。然而，服从是军人的天职，当兵就得打仗，这是天经地义的事，不打仗，要军队干啥。难道我吉鸿昌罢战，老百姓就能免受战争之苦吗？"吉鸿昌陷入了深深的沉思中。

回到家后，问候了父亲和宗亲，吉鸿昌便马不停蹄地赶到他和父亲领头创办的中山学校了解学校的情况。中山学校的校长是吉鸿昌昔日的参谋郝子固，在陪同吉鸿昌回家的路上几次说话吞吞吐吐，引起了吉鸿昌的注意。吉鸿昌把他拉到一边，坦诚地跟他说道："子固，你跟了我这么多年，我的脾气你应该很了解，有什么话尽管说，别吞吞吐吐，说出来，能办到的，我一定办，办不到的，向你说清楚，你就大胆说吧。"

原来是吉鸿昌的族侄吉兴南，犯了人命官司，在县衙关着，吉兴南的父亲几次来找吉鸿昌的父亲吉茂松求情，县长杨宗敏碍于吉鸿昌的面子，也几次去郝子固那探听吉鸿昌的口气，他碍于吉鸿昌的面子，迟迟未予判决。

吉鸿昌把这件事放在了心上。晚上，他悄悄来到父亲的房间，寒暄了一番之后，便向父亲问起吉兴南的事。父亲吉茂松把整个事情一五一十地告诉了他。吉兴南是吉茂松堂弟的孙子，这个混小子从小不学无术，缺乏教养，好逸恶劳，整天游手好闲，偷鸡摸狗，吃喝玩乐，除此之外还为非作歹，寻花问柳。一次，他与一个有夫之妇鬼混通奸，被女方的丈夫发现了，向人抖搂了他的丑事，狠狠地教训了他一顿。谁知吉兴南恼羞成怒，怀恨在心，与奸妇一起合谋，用砒霜毒死了其丈夫。之后吉兴南毫无收敛，仍不知羞耻地每天与一大群狐朋狗友花天酒地地招摇过市。正派的人耻于同他理论，一般乡民又不敢惹他。事发后，引起了公愤，于是，县衙传讯拘捕了他。这时，他却口口声声说自己是吉鸿昌的亲侄子，并让县衙发信让吉鸿昌回来。

扶沟县县长杨宗敏对吉鸿昌突然回吕潭镇，也在犯嘀咕，久闻吉师长为人刚直不阿，从不徇私情，这次回来，该不会是为自己的侄儿说情的吧？为了应对此种情况，他调来案卷重阅，并做好准备。

第二天一大早，吉鸿昌的勤务兵王子超双手递给杨县长一张名片，上面写着"国民革命军第二集团军第三军第十九师师长吉鸿昌"。杨县长急忙放下卷宗，迎了出来。一群人坐下寒暄之后，吉鸿昌就直奔主题：

"杨县长，族们不幸，出了个孽种，还望县长秉公执法才是。"

杨宗敏一听，好家伙，这分明就是为吉兴南的案子而来，立即顺水推舟地说："师座光临，有失远迎，请做主发落，卑职一定从命。"

吉鸿昌心想：好一个世故的县太爷，硬是不担干系，于是问道："吉兴南所犯何罪？"

"故意杀人罪。"

"按律令……"

　　"杀人偿命。"

　　吉鸿昌等的就是这句话，他倏地站起来，低沉而有力地说：

"敝人军务在身，不便久留，我愿代为行刑，请县里出布告。"

杨宗敏听罢一怔，这实在是始料不及。

　　"这……"

　　"怎么，不信我的话？县台，那就请县里派人监刑。"

　　"不敢，不敢，一切由师座做主。"

　　"依法除掉这种孽障，我是不会手软的。"

　　这时，吉鸿昌转身下命令："刘恒祥、王子超，你两人把

罪犯吉兴南押上汽车，到贾鲁河河滩执行枪决。"

　　杨宗敏这时才意识到吉鸿昌大义灭亲的精神，一步上前紧

紧握住吉鸿昌的手，激动地说道："师座，感谢您为地方除了

一害。"

　　没多久，"啪啪"清脆的枪声从河滩传来。听到枪声，吉

鸿昌自言自语地说道："此等败类，死有余辜！"

　　吉鸿昌大义灭亲的事传遍了整个扶沟县，百姓争相称赞这

样一位好师长。

第六章　兴办教育

1. 让穷孩子读得起书

吉鸿昌一生戎马倥偬，除了其骁勇善战，爱国为民，疾恶如仇等让人们钦佩和称赞，其不遗余力兴办教育事业的远见卓识和慷慨解囊也被人们广为传颂。

吉鸿昌年幼的时候，因为家贫上不起学，10岁时，经常蹲在学堂教室的窗外偷听老师讲课，老师赶也赶不走，1907年，经家人多方借贷，12岁的吉鸿昌才得以入私塾念书。因他深知入学读书来之不易，所以学习十分用功，就连做饭烧火的间隙也还在一撇一捺地练习写字。1908年，吉鸿昌因看不惯地主恶少欺压穷学生的恶行，仗义执言，打抱不平，结果被校方惩罚而辍学。从此，他幼小的心灵就萌发了一个愿望：要办一所自己的学校，让穷孩子也能无忧无虑地上学。从军以后，尤其是当官以后，他深深感到掌握知识文化的重要性，在南征北战，各处辗转的日子里，他抓住分秒时间，识字、读书、练习书法，阅读各种书籍，累积知识，也养成了终生学习的好习惯，并从学习中体会到了无穷的乐趣。

1920年秋，已升任连长的吉鸿昌随第十六混成旅驻防河南信阳。在回家省亲的日子里，他发现家乡的教育情况实在是让人堪忧，教育依然是少数人的特权，穷人的孩子大部分失学在家。他遂决定自筹资金，为家乡贫穷人家的子弟办一所学校。

他立马把这一想法告诉了同样热心公益事业的父亲。他对父亲说："我从小只上了两年学，在军旅中深感没有文化的苦楚。咱们家乡的穷孩子都是因生活所迫上不起学，致使文化知识成了有钱人的专利。这太不公平了！我想办所学校，让穷人的子弟有个免费上学的地方。"深明大义的父亲感慨地说："你知道爸爸的脾气的，大凡地方上的公益事情，我是从不吝惜钱的。兴办学校是公益事业，利国利民，我当仁不让。"

父子二人形成共识后，立即会同吕潭镇绅商各界人士，借用陕西会馆西院的 13 间房舍，聘来教师，创办了吕北小学。学校招收学生 70 名，免费供给书籍、文具，还供给特困生衣服、鞋、被等生活用品。就这样，吕北小学成了名副其实为贫穷子弟开办的学校。

吉鸿昌在部队得知学校已经办起来了，高兴得像打了胜仗。他时刻牵挂着吕北小学的发展，省吃俭用，把积攒下来的薪俸悉数全寄回家，用于学校的日常开支。平时只要一得闲，他就给学校的校长写信，了解学校的情况，并鼓励学生们要学好知识，锻炼身体，争取将来成为栋梁之材。

后来吉鸿昌的部队攻占巩县时，师部设在巩县鳌岭师范学校。吉鸿昌得知该校因经费困难买不起图书，便立即出钱捐赠了一部分图书。学生们对这位南征北战的将军关心教育十分感佩，说："吉将军服务桑梓，造福后代，功在千秋！"后来，这所学校的部分学生毅然投入了吉鸿昌率领的抗日同盟军。

2. 心系教育，造福后代

在炮火连天的战争中，吉鸿昌始终不忘为家乡办学的事。一次，他收到家中来信，得知父亲为扩大校舍把吉氏祠堂辟为教室，并把吕北小学更名为中山学校，还想聘请一位会管理的校长。为此，他决定把在自己身边工作多年且满腹经纶的秘书郝子固派往中山学校任校长。郝子固没有辜负吉鸿昌的一片苦心，兢兢业业，把学校办得红红火火。

1928年9月下旬的一天，正在北平陆军大学学习的吉鸿昌接到冯玉祥召见的通知。在见冯之前，他陪同妻子回了一趟老家吕潭。他还没有进家，就直奔中山学校，拉上校长郝子固去看镇北那块预备扩建学校的地皮。吉鸿昌迈着大步丈量一圈后，爽朗地说："兴办学校，倾我所有，在所不惜。这块地皮约有50亩，操场、花圃、校办工厂都要考虑进去。学校建好后，再买上一些地作为校产，学校的经费就有保障了。"随后，他委托朋友冯欣农负责学校的设计和施工。安排好这一切，吉鸿昌于第二天去见冯玉祥，随后奉命远赴甘肃。

1929 年 4 月，吉鸿昌升任第十九军军长，驻守宁夏。7 月，他任宁夏省政府主席。他励精图治，身体力行，不遗余力地促进回、汉民族的团结和开发、建设西北的工作。此时，家中给他写信说，中山学校已经建好了一部分，学校和学生规模都有所扩大。吉鸿昌十分高兴，立即复信说："振兴教育，开发智力，乃吾辈平生之乐事。开发西北，缺乏农业、水利、交通、地质等科技人才，盼望中山学校能输送一批人才参与西北之开发建设……"吉鸿昌考虑得长远，迫切希望中山学校能为国家输送急需人才。

1930 年 5 月，蒋冯阎大战即将爆发，吉鸿昌虽在主战场，仍然十分关心家乡的学校建设，委派政训处处长张润三赴吕潭中山学校慰问师生，并送去办学经费，缓解了战时学校的经费困难。

1933 年底，经过吉鸿昌和家乡父老的苦心经营，吕潭中山学校进入了建校以来的黄金时期，被誉为"豫东第一校"。学校占地 60 多亩，拥有校田 1060 亩、校舍 200 余间、31 个教学班（其中初小 12 个班、高小 12 个班、初中 6 个班、师范 1 个班），在校学生 1500 多人。

吉鸿昌为这所学校倾注了毕生的心血，即使在就义前，都没有忘记安排学校的发展，他在走上刑场之前所撰写的三份遗嘱中，有一份是专门为他创办的学校而写的："……昌为时代而死矣。吾先父所办学校款，皆由先父捐助，非先父兄私产也。所虑者吾死后，恐吾弟等有不明之处，要强行分产。永昌弟鉴：学校款你不必过问……"吉鸿昌大公无私的高贵品质跃然纸上，实令后人敬仰。

日月如梭，斗转星移，吉鸿昌当年亲手创办的学校相继培养出穆欣、李制平、陈立真等一大批优秀共产党员，学校也随着社会的进步得到较快的发展。1978年，吕潭中山学校更名为鸿昌学校。1984年，学校被正式命名为吉鸿昌学校，设有初中部和高中部，在校生1100多名。

1. 暗中保护共产党人

随着北伐战争轰轰烈烈的开展，眼看取得全国的胜利在望，可是，国内风云变幻。1927 年 4 月，蒋介石在上海发动了"四一二"反革命政变，接着，汪精卫在武汉也发动反革命政变，并且对共产党员发出"宁可枉杀一千，不可使一人漏网"的追捕令，大量共产党员遭到逮捕和杀害。革命阵营急剧分化，国民党内的右派势力纷纷走向反动，在此背景下，冯玉祥基于自己部队处境的考虑，立场发生了根本的变化。在郑州，他与前来的汪精卫达成协议，在"分共"问题上达成了共识。

不久，冯玉祥与蒋介石在徐州举行会谈，议定宁汉合作，共同"清党"，继续"北伐"。随后，冯玉祥在自己的辖区内开始"清党"。所谓"清党"，就是国民党排斥异己，清除以个人身份加入国民党的共产党员和共青团员。相较之蒋介石和汪精卫，冯玉祥的"清党"要温和得多。7 月上旬，他在自己的军队中，下达了"反共"三原则："凡各机关如有共产党员，一律声明在本军范围内作为顾问，不许兼任其他职务；跨党共产党员即日声明脱离共产党；在本军范围内，不许有违犯三民主义之宣传。"他还吩咐财务官把账上仅有的 800 元大洋分赠给刘伯坚等共产党员，然后用车运送他们离开自己的辖区，被人称作"礼送出境"。轰轰烈烈的大革命在高潮中就这样退下来了。

对于冯玉祥的转变，吉鸿昌百思不得其解。他毫不忌讳地对自己的好友老徐说："国民军如果没有共产党的政治工作，能有今天会师中原的局面？我一直欣赏共产党人一不为名，二不图利，一心为革命的品德。我想冯总司令也看到了，他不会不明白的啊。"

老徐一听，也不无感慨地说道："共产党人的确大公无私，一心为国为民，如今却被这样对待，确实让人同情。"

后来，吉鸿昌几次想写信给冯玉祥，陈述自己对"清共"的看法。然而，信，他写了撕，撕了写，以致最后气愤地把笔摔倒地上。他想自己在冯玉祥面前，只是个芝麻官，人微言轻，除了引火烧身外——倒不是怕引火烧身，我吉鸿昌不是怕事的人——但是于事无补倒是显而易见的。谁不知道冯的脾气，一旦他决定的事，九头牛都拉不回，在他眼里，自己只不过是个晚辈后生而已。

吉鸿昌虽深知自己不能扭转大局，但是他不会怀疑昔日共产党人在国民军中的所作所为。因此，他暗下决心，要尽其所能，暗中保护共产党人。

身为共产党员的宣侠父是梁冠英师政治处的处长，他在华阴驻地开办政训班讲三民主义时，和吉鸿昌结识。其实，在此

抗日英雄

小故事

之前，吉鸿昌一直久仰宣侠父大名，知道他知识渊博、能诗能文、风度儒雅，而且政训工作做得非常出色。两个人忧国忧民的情怀，对国家民族的热忱和知无不言的个性使他们在几次交流中成为挚友。宣侠父给吉鸿昌讲了许多共产党、马列主义等革命理论知识，吉鸿昌获益匪浅，以前萦绕在心头的问题有了答案。在潼关的时候，他俩经常聚在一起交流，对革命真理的探索，把他们的心紧紧连在一起。宣侠父认为吉鸿昌具有新军人的素质，正直、刚强，而且作战勇敢，能够接受新事物，孜孜不倦探索真理，有着与官场上的封建陋习格格不入的品格，因而十分欣赏、尊敬他，对他极其关心，视为挚友。吉鸿昌亦然。

然而，这次宣侠父就在"被清"的行列里，遭到通缉。吉鸿昌冒着风险，送给宣侠父等几人路费，并研究了路线，安排了接应，派人掩护他们离开危险地区。

安子文是十九师政工处长，自然也是被"送"的对象。吉鸿昌亲自安排安子文暂避一时，并赠送路费。在依依惜别之时，吉鸿昌对安子文说："你放心走，其他人的安全，我当详加筹划，上边由我来应付。当前风声紧，我会采取拖延的办法的。我已向有关人员交代，凡涉及清共的电报、文件、电话均由我本人裁定，别人不得擅自处理，避免节外生枝。""路遥知马力，日久见人心。"安子文紧紧握着吉鸿昌的手说："你是我们可信赖的朋友，咱们共事也很愉快，你为人光明磊落，勇于追求进步，符合我们这个时代的要求……请你善自珍重，大恩不言谢，咱们后会有期。"他们两只手紧紧握在一起，千言万语尽在不言中。

在吉鸿昌的部队，对于"清共"，很快就有了明确的指示："对'共党'活动，务须严防严查……惟对此项党人，只准拘留禁闭，不准枪杀打罚。"以"愿意走者发给川资"，"礼送""遣散"等方式"送客"。吉鸿昌稍稍松了一口气。后来他打听到，冯玉祥在款待被"遣散"和"礼送"的共产党员同志时曾说："你们到我这里帮了我们的忙。但是你们要反蒋，我是不能干的。我要和蒋介石合作反张作霖。在我的军队里，穿二尺半的不能反蒋。你们愿意到哪里去就去哪里吧。"

就这样，200余名共产党员被"礼送"出了武胜关。

虽然吉鸿昌认为冯玉祥对共产党人的处理方式还算温和，但是国民军中"清共"的阴影，很长一段时间在吉鸿昌脑际中无法散去。他心里十分苦闷，对于所发生的一切，他并不糊涂，可是很多问题一时又弄不明白，他开始深思自己的立场、处境、中国革命的前途等问题。

2. 中国人不打中国人

冯玉祥和蒋介石联手后，蒋介石的实力大增，很快使用各种手段，使自己当上了国民政府主席。他不仅把过去有利于国民革命的人一脚踢开，而且还把帮助过他、有恩于他的人置于死地。从 1928 年底至 1929 年初，冯玉祥的军队被缩减一半，最后由于种种原因，不堪忍受的冯玉祥联合李宗仁和阎锡山组成反蒋联军，共同讨伐蒋介石，全国人民被卷进了中原大战中。然而由于利益纷争、各派系的猜忌和军事指挥的失误，本来兵力远远强于蒋介石的冯、阎、李，却以失败告终。吉鸿昌又一次率领部队作为主力军参战，又被卷入心军阀混战中。吉鸿昌对自己的参谋傅二虞说："这个仗不该打，再打下去，不仅军队做无谓的牺牲，而老百姓的日子，就更过不下去了。这种为争夺利益的战争，我早就打腻了。"然而他是军人，又极其尊崇冯玉祥，尽管有想法，但还是全力投入这场内战之中。然而，在这种战斗中，他看到了各种离谱的命令和猜忌，面对日益恶化的局势，看到西北军被迫向豫北溃退的狼狈相，吉鸿昌的心碎了。

　　蒋、冯、阎混战，历时一个来月，西北军失利，退回陕西。冯玉祥通电下野，宣布取消太原陆海空军司令部。此后，轰轰烈烈的西北军土崩瓦解。

　　中原大战失败后，冯玉祥的旧部大多被蒋介石加以改编，吉鸿昌也被其收编。1930 年 9 月，吉鸿昌被安排了一个二十二路总指挥的头衔。蒋介石之所以如此，用心险恶，一是妄想吉鸿昌能够为其"反共、反人民"的倒行逆施卖命，同时也是"明升暗降""调虎离山"的故技，借机改编他的部队，消除他的实力。

11月初，蒋介石就下令吉鸿昌率部开往豫南，"围剿"红军。当初吉鸿昌之所以同意被收编，也是忍辱负重，尚未完全认识蒋的阴谋。他之所以甘愿"背师弃友"，一方面是看到西北军大势已去，知道只有委曲求全，才能保存自己的力量；另外他当时对蒋的反革命本质认识不足，抱有不切实际的幻想。因此，当冯得知他接受蒋的改编后，在电话中斥责他的时候，他还曾以"理直气壮"的口气，说过"宁负私人，不负国家"之类的糊涂话。直到蒋逼其"围剿"红军，"一箭双雕"，既消灭革命力量，又达到打击异己势力的阴谋被他识破后，他既后悔又愤怒，更加怀念过去与共产党人宣侠父、安子文等交往的日子。便现在想摆脱困境，走出彷徨，却无法向知己诉说，更得不到指点与帮助。他常常在心里感慨，如果能得到宣侠父等共产党人的帮助，该有多好啊。吉

鸿昌的脑海里闪现过与他们一起读书、一起交流的一幕又一幕。这些似乎都在催促他迅速与共产党人取得联系，请他们做自己的贴心人和指路人。他用各种办法寻求可信赖的高人指点，重资聘请各界有名望的人士到指挥部当参谋、智囊，通过他们的某些关系和渠道，发现线索，设法与共产党人取得联系。

自与共产党人接触后，吉鸿昌便体会到人心向背是决定战争胜败的关键，现在他有了更深刻的体会。过去，国民革命军之所以所向披靡，也是因为他们打反动军阀、符合广大工农和其他劳苦大众的愿望与要求，百姓心甘情愿地支援国民军，所以他的部队才能成为战无不胜攻无不克的"铁军"。而现在参加"围剿"鄂豫皖根据地，面对手持长矛的红军、赤卫队，却威风不再，情报失源，百姓回避。到底问题出在哪里，这都让吉鸿昌困惑不已。为了搞清楚状况，他换上便衣，来到潢川微服私访，想问问大别山区的百姓对红军的看法。

这不问不知道，一问让吉鸿昌吓了一大跳，红军果然是真正为百姓的军队，深得民心，百姓普遍觉得吉鸿昌的队伍要来打红军，那简直是痴心妄想。

1930 年底，吉鸿昌在严令催逼下，踏上了"进剿"大别山的路。他其实早就想好了一条应对之策：虽然仗不可不打，但怎么打，我说了算。1931 年 1 月间，吉鸿昌在试探性"进剿"中，遇到了重重阻力，更没想到，在商城的四顾墩，遭到红军沉重打击，整整一个团的兵力都被吃掉了，这让他震惊不已。

然而这也给吉鸿昌提供了密切联系苏区共产党员的契机。他秘密深入到苏区的新县、七里坪等地察访，同苏区负责人曾中生达成了今后互通情报、加强联络的协议，吉鸿昌明确表态："同是中国人，中国人坚决不打中国人！"

回到总指挥部，吉鸿昌以研讨失败教训为由，名正言顺地开始整顿军队。

没多久，吉鸿昌奉命到汉口参加军事会议，会议结束回到驻地，他气愤地对参谋长说："蒋介石手下这帮人，一个个趾高气扬，目空一切，就没拿我们这些杂牌军当回事，尤其是陈诚，是我吉某的手下败将，但其骄傲张狂、不可一世的气焰，谁受得了！开了两天会，重复来重复去都是'剿共'。人家共产党一切为民众着想，实施孙先生的三民主义，而蒋专制独裁，出尔反尔，视民众如草芥，岂不是倒退？依我看，共产党不仅'剿'不了，还会越来越壮大的，原因很简单，老百姓拥护爱戴共产党。"

吉鸿昌如此"大逆不道"的言论很快传到了蒋介石的耳中，他对吉鸿昌更不放心了，立即派亲信冷欣携带电台，来到潢川，名为联络，实际上是监视，这更是公开了蒋对吉鸿昌的不信任。

而与此同时，共产党人领导下的鄂豫皖根据地和红军正在发展壮大。根据地的迅速发展和蒋介石多次"进剿"失败，这些都促使吉鸿昌下定决心，尽快率部起义投奔红军。为表明志向，吉鸿昌在光山县的一对石狮上题词："睡狮猛醒，领导民众。国将不国，尔速醒悟。"

吉鸿昌是一个说干就干的人，他立即付诸行动。1931年夏，他选派得力人选，携带其亲笔信，秘密前往鄂豫皖根据地，接洽起义事宜。然而，师出不利，他派出的两个人被截获，蒋介石很快就得知了这个情报，迅速调兵遣将，对吉鸿昌进行了包围。情急之下，吉鸿昌迅速召集策划起义，由于时间仓促，叛徒的出现，致使起义没有成功。

蒋介石见目的达到，便抓住吉鸿昌"策划投共"这个把柄，免去了吉鸿昌第二十二路总指挥及所兼军长职务，并逼迫他"出国考察"。吉鸿昌眼见起义无望，蒋介石又重兵逼近，为避免无谓的牺牲，只好离开了自己的部队。临行前，他挥毫写下"松间明月长如此，身外浮云何足论"，以示自己无怨无悔的心境。

3. 我是中国人

在吉鸿昌等待出国考察期间，日本制造了"九一八"事变。得知日本帝国主义侵略中国的罪行，吉鸿昌怒不可遏，立即改变了出国的想法。他把为出国制作的西服撕了扔在地上，激动地说："如今国难当头，但凡有良知的中国人，都应该誓死报国。更何况我还是一个军人，决不能昧着良心远走高飞。现在到了民族生死存亡的关键时刻，我还有什么心情出国考察，我绝不去。"

吉鸿昌立即给蒋介石写信，要求即刻奔赴抗日第一线，均遭到蒋介石的无理拒绝。万般无奈之下，1931年9月23日，他携夫人胡红霞等一行五人在上海愤然登船，出国考察。

美国是吉鸿昌出国考察的第一站，在美期间，吉鸿昌每日从报纸、收音机、华侨那里打听国内的情况，一听说国民党军队在正面战场上节节退败，便痛心疾首，时刻盼望着能早日回国抗日。在美国考察期间，吉鸿昌对任何有损中华民族尊严的行为和言论，都坚决予以回击。

一次，他穿着整齐的军装，率领一行从属人员走在街上，突然有人拦住他故意问道："你是日本人吧？！"吉鸿昌叫翻译回答说："不，我是中国人！"对方听了摇摇头表示不相信地说："中国人？'东亚病夫'，不可能有这样魁梧、高大的军人……"又一次，他到纽约的一家邮局寄送东西，那里的工作人员又明知故问："你是哪国人？"他大声说道："我是中国人！"对方奚落地说："地图上已经找不到中国了。"吉鸿昌听后气极了，刚要回敬他几句，由国民党特务机关派的跟在他旁边的特工人员对吉鸿昌说："你若说你是日本人，便可受到礼遇。"吉鸿昌一听，大声怒斥道："你觉得当中国人丢脸是不是？我却觉得中国人顶天立地，为做一个中国人感到骄傲和自豪。作为中国人要有中国人的骨气，在外国人面前要表现出中国人的尊严，怎么能在外国人面前摇尾乞怜，何况狗日本还在打我们中国。"

接连受到这样的嘲笑和侮辱，吉鸿昌异常气愤，甚至连饭也吃不下去了。他严肃地说："侮辱我吉鸿昌本人，我并不在乎，但是我们是代表中国到美国考察的，受侮辱的是我们整个国家，整个民族啊！"他坚决表示："下次外出时，就带上'我是中国人'的牌子，让外国的朋友们都知道中国人是有血性的，有五千年文明史的中华民族一定会重新振兴起来！"果然，他用草板纸自制了一个约半尺长的长方形牌子，用毛笔写着"我是中国人"几个大字，并在下边注上英文。他挺着胸膛，昂首阔步地穿过围观的人群，显示出中华民族的骄傲。

抗日英雄
吉鸿昌

1931 年 12 月 5 日，吉鸿昌一行人按照计划从美国纽约登船赴欧洲考察，他原计划到欧洲后再想办法到社会主义国家苏联看看，然而由于遭到国民党政府的百般阻挠，只好打消这个念头。而此时，国内形势危急，侵华日军不断占领东北国土的消息陆续传到欧洲，吉鸿昌再也按捺不住了，便毅然决定中断考察行程，未经蒋介石的许可，秘密返回祖国，投身到伟大的抗日救亡洪流中。

1. 接受新任务

　　吉鸿昌乘坐的回国的轮船刚到吴淞口，他就听到了上海"一二·八"事变的发生和上海军民抗击日本侵略者的枪炮声。他内心急切，恨不得立刻跳下船与敌人厮杀。下了船，他立刻打听枪炮声的来源，当得知蒋介石正在给打了胜仗的十九路军官兵施加压力时，吉鸿昌叹息道："完了，十九路军的抗日行动和上海人民的抗日浪潮，又要被扼杀了。"他愤怒不已，拍

抗日英雄
小故事

案而起："真是奇耻大辱，奇耻大辱！"在上海的见闻，使他更加坚定了自己的判断：要摆脱中国目前的困境，寄希望于一个不顾国家安危而一味执行"攘外必先安内"政策的国民党政府，无疑是痴人说梦；而中国的前途命运，只能寄希望于中国共产党。因此，他下定决心，一定要尽快找到党组织，加入中国共产党，和共产党一起抗日，拯救国家和人民。

到上海不久，他整理出版了《环球视察记》，借以抒发他爱国报国的热情。在经历多方辗转和党组织对其极其严厉而复杂的考核后，吉鸿昌终于于 1932 年 4 月在北平加入了中国共产党。吉鸿昌对党的接纳显得非常兴奋，他坚定地对吸纳他入党的吴成方说："为了党和人民的事业，在所不辞，请党相信我，我绝不会出卖同志，出卖党，说到做到。"

吉鸿昌经过长期的求索，尤其是经过近几年坚韧不拔的努力和党组织的严格考验，终于从一个旧军人转变成一个共产主义战士。这一转变，一方面使他觉得最终找到了归宿；另一方面更加感到任重道远。他深知，在党组织里，自己还是一个兵。决心要无条件听从党的指挥，更加严格地要求自己，做一个经得起党组织和人民严格考验的合格共产党员。

按照党的指示，吉鸿昌到湖北黄陂、宋埠一带召集旧部策划起义。起义失败后，他赴泰山动员冯玉祥出山组织武装抗日。吉鸿昌毁家纾难，变卖家产 6 万元购买武器，积极联络各地抗

抗日英雄
吉鸿昌

日零散武装，做起兵抗日准备。

之所以做这样的安排，党组织也是经过深思熟虑的，一方面，他们在对吉鸿昌要进行长达半年的入党考核中，发现吉鸿昌具备一名优秀共产党员的素质；另一方面，他曾经是冯玉祥手下的一员勇将，深得冯玉祥赞赏，对冯玉祥也比较熟悉。

接到任务后，吉鸿昌便开始精心准备。

当从上海开往天津的普通客车，在山东泰安火车站停靠时，上车的旅客中有一对中年夫妇。男客是一位身材魁梧、衣着质朴的商人，肩上背一个褡裢，手提一个半旧的旅行包，很和气地坐在硬座上，跟对面一个农民模样的老大爷和另一位穷教书先生打扮的乘客友善地点了点头。

这位身材魁梧的中年男子，就是受中共党组织指示，刚刚在泰山与冯玉祥商谈完联共举旗抗日事宜的吉鸿昌。面谈很顺利，离开泰山时，由于吉鸿昌频繁的反蒋抗日活动，以及加入中国共产党，他遭到了通缉，所以，不得不精心策划，确保安全。吉鸿昌认为，既然蒋介石亲发手谕通缉他，车站、码头、旅馆、酒店一般都是军警、侦探最留意的地方，敌人一定会按他的"身份"特别注意头等、二等车厢，因此，越是这样的地方危险性越大，何不来个出其不意？最主要的是：他想借此坐三等车厢的机会接触下层人民，倾听他们的心声。他不会忘记党组织负责人跟他说过的话："力量在民众之中，经常在民众之中向民众学习，会使自己耳聪目明。"因此，他与夫人乔装打扮一番，冒险乘坐了三等车厢。他本身就出身下层，当兵打仗后又完全没有脱离下层人民，对下层人民的生活习惯、说话方式、作风非常熟悉，作为三等车厢乘客十分自然，毫无破绽。

车子刚过济南，对面的老头儿便和吉鸿昌唠起了嗑："我从察哈尔省蔚县到南面去找我儿子。先前他写信回家总说在湖北宋埠，后来信就没有了。这回我刚赶到那儿，当地人说是开拔了，有的说是拉到徐州、开封一带。我又到徐州，一打听也没有人知道，带着的盘缠也快花光了，无奈只好回老家了。哎，这年头！"

那位穿着蓝布大褂的先生问他道："儿子在外面当兵好好的，为什么要去找他呢？您老人家是不是想儿子啦？"

那老大爷拿眼睛扫视了一下周围，压低声音说："不瞒你们几位说，我原先答应儿子当兵，是冲着吉鸿昌这支队伍，如今……听说吉鸿昌叫蒋介石给撤了，还不知道儿子要归哪个倒霉军头！我一气之下，就写信，叫儿子回来，信没人回，就是变卖家当也得去拉他回来！咱就是穷死也不受那窝囊气。"大爷越说越起劲。

"哎，这年头，没法说啊！听说吉鸿昌的部队叫上面拆散了，还到处捉他呢？"那位穷先生小心翼翼说道。

"这什么世道，好人受难啊！"

这时，车警推门走了过来，吉鸿昌暗暗捅了老大爷一下。

老大爷的话引起了吉鸿昌满腹的思绪：民众中有多少不平啊！乡亲的这番话，使他感到欣慰，以前受的委屈都是值得的；还是百姓最能明辨是非黑白，今后一定要用永不停息的奋斗精神和献身精神为百姓做事！他真想拉住这位老伯的手，告诉他自己就是吉鸿昌，好好和他唠一下。但是他明白现实情况不允许，必须时时刻刻保持警惕。他相信，老伯的这番话代表广大百姓的心声，如果不找机会接触普通老百姓，怎么会听到如此真切的发自心底的声音。夜深了，困意来袭，但是他却不能入

抗日英雄
小故事

睡，只是和身边的夫人打了一个无言、深沉的照面：这是难得的一课啊！

突然军警怀疑的眼光扫射过来。

一个车警对车上的一个小职员说："那位主儿我咋瞅着有点面熟呢，你过去看看。"

"哎，管他呢？睁只眼闭只眼，积点德吧。"

"那哪成，我们干这一行的就指望着这个升官发财呢。"那车警边说边走过来，狐疑地打量着吉鸿昌。

"长官，有何贵干？"吉鸿昌像小商贩那样欠了欠身，点了点头，从褡裢里掏出一盒廉价烟，抽出一支递给车警。车警鄙薄地看了一眼，从派头上判断不像是他所要获得的晋升资本，却又不甘心这样放过一个可疑的人。于是，他让吉鸿昌拿出车票，一看到站是"天津"，敏感地一转眼珠子，又开始上上下下打量他，仿佛死活要从他身上找到一个"共"字。

"王掌柜。"对面那老大爷十分自然地冲着吉鸿昌说："到天津办了货就到我们那儿销售吧。我们那个鬼地方女人买个发卡都得翻两座大山走 20 多里路到城里去，太不方便了。"

车警厌恶地看了他们俩一眼，他厌烦听这些"没油水"的闲话，有点失望地吁了一口气，叼着吉鸿昌给他的那支烟，又拿了一支夹在耳朵上，无奈地走了。

吉鸿昌的脸上浮现出厌恶的冷笑，继而又变为按捺不住的愤怒，别过脸去，凝望着窗外茫茫的冀鲁原野。

忽然，吉鸿昌回过神来。他有感于老人的仗义和机警。这就是被有些人所看不起的"乡下佬"吗？不！力量在民众之中。他更加坚信党的群众路线了。他几乎想握住老伯的手，表明自己的身份，同他交个朋友，日后保持联系。但是，他最终没有说出口。老大爷和穷先生似乎也从吉鸿昌的言谈和举止中，看出他不是一个"普通人"，因此，他们当了他一路的保护人。

抗日英雄
小故事

2. 遇刺被捕

1933 年 5 月 26 日，吉鸿昌同冯玉祥、方振武等抗日将领在张家口宣布成立"察哈尔民众抗日同盟军"，吉鸿昌任前敌总指挥兼第 2 军军长。在收复康保、宝昌、沽源等城池后，吉鸿昌又指挥部队向多伦进攻。经过五昼夜血战，7 月 12 日终于收复多伦。

察北四城的收复，极大地鼓舞了全国人民的斗志。然而，蒋介石却反诬同盟军破坏"国策"，令何应钦指挥 16 个师与日军夹击同盟军。吉鸿昌战至 10 月，因弹尽粮绝而失败。为了保存抗日实力，吉鸿昌与方振武到国民党第 32 军驻地同商震谈判。不料，蒋介石却电令商震把吉鸿昌和方振武押送北平审问。途中，吉鸿昌用计使方振武脱身。车行至北平城外，押

送人员在吉鸿昌感化下，冒着生命危险放走了吉鸿昌。

1934 年 5 月，吉鸿昌回到天津，组织成立了"中国人民反法西斯大同盟"，他被推为主任委员，进行抗日民族统一战线工作。在他家三楼一角，设立了一个秘密印刷所，出版了机关刊物《民族战旗》报。他的住宅也成了党组织的地下联络站，因而被党内同志称为"红楼"。

吉鸿昌大规模的颇具影响力的抗日救国运动，引起了反动政府极大的恐慌。国民党北平军分会特务处的暗杀名单中，吉鸿昌被列为第一个要干掉的对象。他们利用各种手段、不惜一切代价 24 小时监视吉鸿昌，以寻找刺杀机会。作为党的地下工作的尖兵，吉鸿昌早有察觉，党组织为了保护他及其家人的生命安全，安排把吉鸿昌转移到上海，但是当时吉鸿昌联络的几批抗日武装还没有到，如果吉鸿昌走了，这条线就断了，所以任凭组织上如何劝说，吉鸿昌就是不肯立马去上海。

知道特务们的监视和用心，吉鸿昌格外小心，不断变换联络地点和联络方式，以保护革命战友和联络资料。然而，特务们的魔爪还是伸向了他。11月9日，吉鸿昌回到国民饭店，把自己从家里取出的存折交给党组织派来的人，这笔钱将用于转移被特务机构盯上的战友，然后，他像往常一样，到牌桌上以打牌为名，掩护开展秘密工作。这个时候，特务分子已经做好了准备，打算当晚杀害他。他们已经在吉鸿昌经常光临的38号房间对面开了一个房间。吉鸿昌敏锐觉察到对面的这一帮人不太对劲，临时换到45号房间去住。

他们警觉性很高，但即便如此，他们还是很快发现，45号房门上也被特务用粉笔画了一个十字，而且房间外面的走廊上不断有人走来走去。这时，国民党特务天津站负责人故意拿了一个皮球，滚进45号房间，安排一个女特务以取球为名，侦察吉鸿昌的座位。皮球取了出来，弄清楚了吉鸿昌的座位，很快一名男特务便持枪闯进了屋。

"啪啪啪"连续几声清脆的枪响，坐在吉鸿昌对面的那位刚到天津的广西代表即刻被打死，倒在地上。由于子弹发射距离很近，力量很大，子弹穿过死者身体，又从水泥地蹦了回来，擦伤了吉鸿昌的肩膀；任应岐手上也受了伤。原来女特务一开始进屋来看的时候，吉鸿昌坐在暖气管旁边。因为太热，他脱去了棉袍，只穿了一件白小褂。事情也凑巧，外面特务决定行凶时，房屋里面的人打牌正好四圈结束，换庄换位，吉鸿昌改坐到对面去了。因离暖气管子远了，他又穿上棉袍。那位广西的代表则脱掉了棉衣，恰巧这天他穿的也是一件白小褂。所以，被特务误杀了。

吉鸿昌训练有素，他不顾伤痛，大喊一声，站起来就抓凶手。凶手这才发现打错了对象，在恐慌中又举起枪来，却被吉鸿昌一拳打飞。闯进来的另一个特务，看见这番光景，怕被抓住，吓得把头一缩，拉着第一个凶手急忙扭头就跑。

吉鸿昌怕凶手再开枪，没有出房间追赶。凶手从楼上西餐部旁门跑出国民饭店，当时，在西餐部的人都看到一个穿长马褂的人和一个穿西服的人，一前一后，慌忙跑了过去，但是谁也不敢阻拦他们。瞬间，饭店乱作一团，都跑来追查枪声的来源。烧茶房的师傅推门进来，看见吉鸿昌坐在沙发上面，鲜血正顺着膀子流淌。可是，吉鸿昌却还像没事人似的，笑了笑说："这是找我来的。"

这时候，有许多人不顾危险，跑到吉鸿昌的房间里来探视他，还有的抢上前帮他包扎伤口。吉鸿昌既感动又难过，他赶紧叮嘱茶房师傅："请大家赶快躲开，这里是是非之地啊！"

听到吉鸿昌的劝告，人们逐渐散去。因为吉鸿昌早就对可能发生的意外有一些准备，平日里和茶房师傅分关系也搞得不错。茶房师傅见事危急，恳切地对他说："吉将军，你们赶紧从太平梯口跑掉把，我这儿有钥匙。刚才听说工部要来查问，耽搁下去怕是走不掉了！"

吉鸿昌朝茶房师傅手里的钥匙瞥了一眼，摇摇头说："不行！我不能走，你给了我钥匙，他们不会轻饶你的。"

茶房师傅急得差一点就哭起来，忙对他说："吉将军，我求求你，你赶紧走吧，你不要管我了，我早就豁出去了，顶多蹲几年监狱罢了！"

吉鸿昌忍住眼泪，向茶房师傅再三道谢，用衣裳缠好伤口，就忍着痛和任应岐向太平门走去。走了几步，外边的警笛早已

响成一片，巡捕像蚂蚁布满街心。街上已经开始戒严了，想走是不可能了。他忽然发现一个形迹十分可疑的人，跟随他寸步不离，纵然能够冲出第一道罗网，也难逃出特务预设的陷阱。他们在楼上停了停，就果断地折回来了。

这个紧跟着吉鸿昌团团转的人姓李，是他的一个旧友，刚才也和他们一道玩牌。他们刚从38号房间搬进45号房间，正当特务在走廊上探头探脑侦察时，他假装肚子疼，离开牌桌，到外面跑了一趟。回来时故意没把房门带上，也没再打牌，而是装着很安闲的样子坐在旁边看牌。那个穿长马褂的中年汉子，曾悄悄地到门口窥望，暗中和他打过招呼。方门框上的十字，就是那中年汉子画的。女特务的皮球，也是姓李的在房门打开的时候丢进来的。当时屋里的人都在打牌，没有及时觉察到他的可疑行动，主要也是因为不会想到自己的人会出内鬼。吉鸿昌这时才反应过来，陡然想起他在打牌那阵的异常举动，即刻警惕起来。猜想他之所以这样，是想跟自己"躲猫猫"，好让自己把党的其他同志暴露出来，让特务机关一网打尽。吉鸿昌当机立断，急忙拉着何应歧折回原来的房间。

茶房师傅见他们回来，不禁一怔，十分诧异地问他们为什么不赶快逃走。他用愤怒的眼光扫过姓李的丑脸，用平静的口气答道："我们一走，就要连累你了。得啦，官司还是由我打吧。"

不一会儿，法租界工部局巡捕房的巡官、巡警就都来了。

抗日英雄

吉鸿昌

他们一上楼，不是追查开枪的凶手，而是急忙问："吉鸿昌在哪里？"

吉鸿昌听见巡捕的叫声，就从隔壁房间推开门，高声对他们说："不用查问，我在这儿。"法国巡捕一拥而上，抓捕了他。他大喊一声："不需要你们动手，我自己走。先送我去医院看看伤，有什么话回头再说吧！"巡警向上司请示批复后，就把他送进了法国天主教堂医院。实际上，吉鸿昌和何应歧已经落入法租界巡捕房和国民党特务的陷阱，去了医院就立马失掉了自由。

没多久，吉鸿昌的妻子胡红霞，他的三弟、四弟，胡红霞的姐姐、姐夫都被囚禁起来，法国工部局的大帮巡捕，闯进吉宅，"搜查共产党文件"，任应歧的住宅也遭到检查。敌人还对胡红霞动了刑，没得到什么，只好将她放了。

3. 狱中抗日

在狱中，吉鸿昌设法通过一个中国女护士将他遇刺被捕的消息转告给夫人。吉夫人将一些书信文件迅速烧毁，并通知有关同志迅速转移。

吉鸿昌被押到法国工部局办事处。一个姓窦的特务拿出一张纸条，上面写着天津地下党组织负责人名单，要吉鸿昌供出他们的下落。吉鸿昌一把将纸条撕碎，劈面砸去，冷笑一声说："真是笑话，想叫我出卖同志吗？真是瞎了你的狗眼，告诉你们，要杀要砍只有我吉鸿昌一个！"

吉鸿昌被捕的第八天，吉夫人收到他托人送来的一张纸条，上面写道："要尽快将我为了抗日而被蒋勾结法租界工部局逮捕的消息写成广告，宣传给人民。如果中国报纸不能登，就花钱登英文版的《平津泰晤士报》……"不几天，消息在英文版的《平津泰晤士报》上以广告形式登了出来。

蒋介石见吉鸿昌被捕的消息传开，慌了手脚。他们怕全国舆论支持，急忙要求法租界工部局引渡。此时，天津地下党组织和爱国人士同敌人展开针锋相对的斗争：一面大量散发传单坚决反对法租界工部局引渡，一面准备花一部分钱"运动"工部局使其不引渡。吉鸿昌听说后，又传出纸条："请转告党组织，不要再为我费那么大的事了。这件事我心里明白，蒋介石看透了我，就跟我看透了他一样，到他们手里，我就没想活着出去。如果党相信我吉鸿昌，那就请把这些力量用到革命更需要的地方去吧！"

没隔几天，吉鸿昌被押到蔡家花园陆军监狱。他了解到在押的大部分是东北军中的军官，因为家乡被日本鬼子烧杀，说了抗日的话，被关在这里。于是，吉鸿昌便做抗日宣传，开导他们说："弟兄们，难道我们中国人天生就不能抗日吗？难道咱们的妻儿老小就该被日寇屠杀吗？我说都不是，我亲自和日本鬼子交过锋，他们也曾被咱们中国人打得稀里哗啦，可是，是谁不让我们抗日呢？又是谁把中国的大好河山一片片地葬送了？"军官们一致回答："还不是蒋介石。"随后，他又把自己抗日反蒋以致被捕的经历告诉难友。最后，他又对大家说："弟兄们，我是没有几天活头了，但我可以含笑九泉。我希望大家都能活得很好。别悲观，别丧气，出去后，跟全中国四万万人民站在一起，坚决抗日，我在九泉之下也就放心了！"听了这些慷慨激昂的话，就连外面的看守也禁不住连声感叹。吉鸿昌为了振作大家的精神，还托看守找来围棋和胡琴，和他们下棋、拉胡琴，并教他们唱抗日歌曲。

吉鸿昌在天津监狱关押期间，受尽了各种折磨，每天都被审讯，他依然坦然自若，争分夺秒地进行抗日宣传。外面冯玉祥、党组织都在想方设法地营救他。吉鸿昌清楚地意识到：敌人早已将其视为眼中钉、肉中刺，这次落入敌人的魔窟中，是没有逃脱的希望的，敌人必欲处之而后快。他希望组织不要花太多无谓的时间，把时间用在更为迫切宝贵的事情上。

1934 年 11 月 21 日夜，中共地下组织得知蒋介石要把吉鸿昌押送南京亲自审问的消息，当即通知游击队，在山东泰安车站附近拆去一段铁轨，准备半路劫车营救。而奸险狡诈的蒋介石好像发觉了勇士们的行动，密电"北平军分会"授意何应钦将吉鸿昌"就地枪决"。

1934 年 11 月 22 日，吉鸿昌被秘密押送北平。吉鸿昌身披黑色斗篷，头戴呢帽，神情坚毅、镇定自若地走下水库。一下车，何应钦的副官祝士勤就将这封电报拿给他看，吉鸿昌轻蔑地扫了一眼说："想给我来个下马威吗？快收起你们这一套吧，告诉你们，蒋介石可以杀死我一个吉鸿昌，但是他杀不完千千万万的中国共产党人，到了你们手里，我就没有准备活着出去。"随后又怒斥他们说："你们要动手就快点，我吉鸿昌成全你们，也好得几个赏钱花花！"几个奴才在英勇无畏的将军面前显得十分尴尬。

敌人并没有立即动手。11 月 23 日，何应钦煞费苦心地举行了一场"军法会审"，吉鸿昌在法庭上与敌人展开了针锋相对的斗争。"审判"一开始，何应钦就要他供出抗日活动的"秘密"。吉鸿昌义正辞严词地说："抗日是为了救国，是全中国四万万人民的共同事业，人人皆知，这有什么秘密？只有蒋介石和你们的反动政府勾结日寇，破坏抗日，才是真正的秘密。如果不是，能不能向全国人民宣布一下呢？"说着，他把前襟扯开，指着身上密密麻麻的伤疤说："这就是我的秘密！看吧，这上面有你们的枪伤，有日本帝国主义的枪伤，有法国帝国主义的鞭伤，还有你们这些人面兽心的家伙的创伤。它会回答你们的！"随后，他又对中外记者讲起了中国共产党愿意联合一切党派和军队抗日的主张。一时间，"军法会审"变成了吉鸿昌的抗日演讲会。当时，有许多记者都很同情他，纷纷交头接耳，连连赞叹。何应钦吓得浑身发抖，面色铁青，气急败坏地宣告"退庭"。"军法会审"只好草草收场。吉鸿昌遍体鳞伤回到狱中，他知道死亡在步步逼近，但他强忍伤痛，不放松每一分钟，继续向难友们宣传抗日救国的大义。当时他妻姐丈林少文和他同牢监押，他对于家事却只字不提。他说："我要在牺牲之前尽量把自己的这一份光和热贡献给民族的解放事业。"他从身上拿出仅剩的一块金怀表，托看守卖掉，一部分钱想方设法转给地下党组织，算向党交的最后一次党费，剩下的钱托看守置办一些较好的饭菜给难友们吃，并鼓励他们一定要保重身体，坚持斗争，出狱后就去找共产党和红军继续抗日。

4. 从容就义

1934 年 11 月 24 日，是吉鸿昌殉难的日子。早晨，何应钦按照蒋介石的电令，决定把吉鸿昌"立即枪决"。消息传来，吉鸿昌显得异常镇静安详。他向敌人要来笔墨纸张，在膝盖上奋笔写下了革命遗书。在这封遗书中，他叙述自己坎坷曲折而终于走向革命道路的一生，痛斥蒋介石祸国殃民的种种罪行，号召人民团结起来，一致对外，抗战到底。写好后，托监刑官送给夫人胡红霞，然后交给党组织。

同天早晨，吉鸿昌还给夫人、兄弟、朋友写了简短的遗嘱。后来几经辗转，终于到了夫人手中。在给夫人的遗嘱中，他说："夫今死矣，是为时代而牺牲"，并再三叮嘱要教育好子女，"以成有用之才"。在给兄弟、朋友的遗嘱中，他念念不忘捐资创办的学校，希望他们尽力要很好地办下去。

13 时 30 分，吉鸿昌慢慢披上斗篷，从容不迫地走出监狱，昂首挺胸大踏步走向刑场。途中他停下来，以树枝作笔，以大地为纸，奋力地写下了浩然正气的五绝诗："恨不抗日死，留作今日羞。国破尚如此，我何惜此头！"

来到秘密刑场，和他一起受难的任应岐在身后对他说："吉将军，我死了倒没什么，你死得太可惜了，国家抗日正用得着你啊！"吉鸿昌回头一看，见他满脸泪痕，便鼓励他说："把头抬起来，别让他们小看了咱们！"他随即转向执行特务说："让他先走一步，我要送送他。"任应岐刚刚向前走了几步，枪声响了，他一头栽倒在地。吉鸿昌把头一摆，声色俱厉地对特务喝道："这样死可不行！告诉你们，我为抗日而死，为革命而死，不能跪，死后也不能倒下，给我拿把椅子来！"特务们不敢违拗。椅子搬来后，他那高大的身躯慢慢地靠在上面。行刑特务悄悄地溜到他的背后，想从后面开枪。将军陡然回过头来，把手一挥，命令似的说："到前面去！共产党人，要死得光明正大，决不能在背后挨枪，我要亲眼看着敌人的子弹是怎么打死我的！"特务愣了一会儿，只好走到前面，躲开将军的逼视，颤抖地举起枪来……在这一刹那，将军举起铁拳，用尽了最后的力气高呼："中国共产党万岁！""打倒日本帝国主义！""中国革命万岁！"在这震山撼岳的呼喊中，中华民族的抗日英雄、党的好儿子吉鸿昌倒在了椅子上，年仅39岁。